改變世界的萬物事典

看得見的人類文明演化型錄

世界史
モノ事典

平凡社編輯部 ———— 編著　黃郁婷 ———— 譯

前言

本事典以平凡社出版之《大百科事典》（1931 年初版）、《世界大百科事典》（1955 年初版）、《世界大百科事典》（1964 年初版）所收錄的圖片為主，以及平凡社其他出版品所收錄的插圖，共計 3000 多幅，搭配簡潔的說明文字，編輯為《物的歷史》系列。

本書旨在廣泛收錄曾經出現世界歷史上，各種文物的形體與名稱。收錄年代從古代約至第二次世界大戰時期，內容以圖文一體的方式編排呈現，堪稱為世界各國傳統與文化的「型錄」。

參考文獻與插圖出處如下：

《法國百科全書》、《武經總要》（曾公亮和丁度）、《籌海圖編》（胡宗憲）、杜勒的木版畫、達文西的繪畫手稿、《天工開物》（宋應星）、《佩文齋耕織圖》（中國清康熙王朝官修）、《農書》（王禎）、《地獄圖》（耳鳥），《耕織圖》（樓）、《河工器具圖說》（麟慶）、《論礦冶》（De Re Metallica）、《星圖》（Atlas Coelestis）、《塵劫記》（吉田光由）、《測圓海鏡》（李治）、《哲學的慰藉》（Consolation of Philosophy）、丁尼生（Alfred, Lord Tennyson）詩集、《烏托邦書簡》（News From Nowhere）與《戀愛才是一切》（Love is Enough）、《世界圖繪》（The Visible World in Pictures）、《阿格利可拉》（Agricola）、《武備誌》（茅元儀）

《大百科事典》 1931 年初版
《世界大百科事典》 1955 年初版
《世界大百科事典》 1964 年初版

目次

國家、戰爭

黄道十二星座
牡羊座

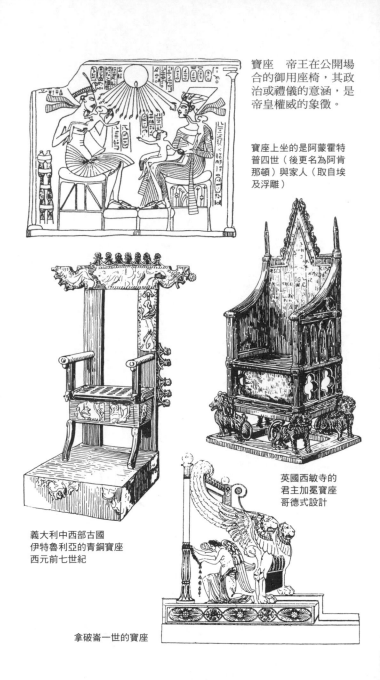

寶座　帝王在公開場合的御用座椅，其政治或禮儀的意涵，是帝皇權威的象徵。

寶座上坐的是阿蒙霍特普四世（後更名為阿肯那頓）與家人（取自埃及浮雕）

義大利中西部古國伊特魯利亞的青銅寶座西元前七世紀

英國西敏寺的君主加冕寶座哥德式設計

拿破崙一世的寶座

【王】

一般指國家內擁有最高主權者。在社會秩序的發展歷程，隨著財產私有化，原始氏族共同體內部階級分化形成部族國家，過程中並出現統治者。古代王者不僅集司法、行政、立法等國家權力於一身，也是軍隊最高指揮將領，同時身兼最高祭司，擁有宗教職能。

【國家】

由定居於特定領土內的多數人組成的團體，具有排他性政治組織。領土、人民、主權（統治權）是構成國家最基本的三項要素。在國家體制的發展歷史上，在歷經古代的奴隸制度，以及中世紀的封建國家制度之後，絕對主義興起，國家成為國際政治場合的主角，同時也繼續朝中央集權制度演進，形成近代國家。

王冠　表示帝王形象的御用冠帽。由貴金屬打造，其上鑲嵌珠寶。上排左起依序為神聖羅馬帝國國王、拿破崙一世（1804）、奧地利國王的王冠。中排左起依序為普魯士國王（1889）、義大利薩沃伊王朝（1890）、波希米亞王國瓦茨拉夫王朝（1347）的王冠。下排為英國王爵的寶冠，左起依序為公爵、侯爵、伯爵的寶冠。

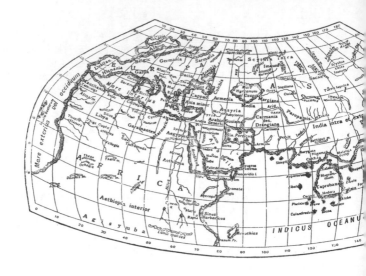

地球儀　在球體表面描繪地球表面的地理狀
態，並標示出經緯線的球體模型。其上裝設
固定於南北兩極的半圓形或圓形子午環，使
地球儀具備有轉動功能。部分的地球儀設有支
架，以便架設環繞赤道而行的地平環。現存最
古老的地球儀是 1492 年德國人馬丁・倍海姆
（Martin Behaim）所製作，直徑為 507 公釐。

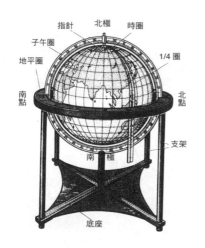

【領土】

由陸地與內水（包含河流、湖泊、內海）所
構成的國家領域。國家的領海或領空皆以領
土為基準所劃定，因此領土可謂國家領域的
根本。原則上，領土乃國家主權行使所及之
地，但也有受條約規範或限制的情形。

托勒密繪製的地圖　托勒密為西元二世紀的古
希臘人，出生於亞歷山卓城，天文暨地理學
家。西元 130 年左右，因觀測天體發現大氣
折射與月球運行的出差（註：太陽引力所引起的
週期性不規則運行），並系統性地將古今天文
學知識集結成《天文學大成》，其著作《地
理學指南》中已可見應用經緯度所繪製的地
圖。此外，托勒密對光學及音樂也有研究。

麥卡托（Gerardus Mercator）繪製的世界地圖（1569）
地圖上的經線為垂直線，緯線為水平線，而此種以方向
固定的直線作為經緯線的地圖繪製方法（麥卡托投影
法），不僅廣泛應用於航海圖，一般的世界地圖也廣為
採用。

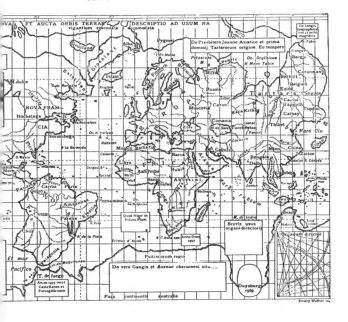

【國旗】

象徵國家尊嚴的旗幟。國旗形式的由來有法律頒布或承襲傳統兩種。許多國家以憲法規定國旗形式，例如印度尼西亞、中華人民共和國、德意志聯邦共和國、法蘭西共和國、巴西聯邦共和國等。不過，承襲傳統的國旗亦不在少數。國旗的顏色多採用該國的傳統顏色，圖樣設計通常依據該國的歷史或建國理念。

尼泊爾

梵蒂岡

上　輪廓非長方形的國旗。其他國旗的長寬比例多為 2：3。

下　圖樣設計相同的國旗。印度尼西亞與摩納哥公國的國旗上半部同為紅色。

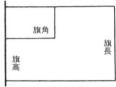
國旗各部位的名稱

旗角　旗長　旗高

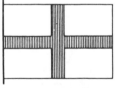

美國剛建國時的星條旗

右下為英國國旗，俗稱聯合傑克旗，由左上三面十字旗，即聖喬治十字旗（上）、聖安德魯十字旗（中）、聖派屈克十字旗（下）結合而成。

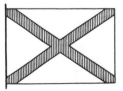

【聯合國】

英文全名為「United Nations」，簡稱為「UN」。承襲國際聯盟（簡稱國聯）的傳統所設立，為史上規模最大的國際機構。1945年10月24日，在紐約成立本部。成立構想源自第二次世界大戰初期的聯合國陣營。在聯合國陣營於1941年公布的聯合國宣言與大西洋憲章，以及1942年公布的聯合國宣言中，已可見其發展端倪。1943年，由美、英、法、中四國所發起的莫斯科宣言中可見具體雛形。1944年，敦巴頓橡樹園會議正式通過聯合國憲章草案。1945年雅爾達會議之後，在舊金山會議上正式通過聯合國憲章，聯合國於同年10月24日正式成立。

聯合國會旗　1947年10月，依據第二次聯合國大會決議所制定。底色為淺藍色，中央配置白色圖案。圖案是以北極為中心的世界地圖，內含子午線，外圍由橄欖枝葉環抱，象徵聯合國為旨在促進世界和平的世界性機構。

降半旗　表示哀悼的升旗形式。程序是先將旗幟升至旗竿頂端，再從竿頂調降至旗竿的二分之一高處。

藍　　黃　　黑　　綠　　紅

【奧林匹克會旗】

1914年，由法國人皮埃爾・德・顧拜旦（Pierre de Coubertin）設計。中央配置五色彩環，俗稱「五環旗」。

五環旗象徵藉由奧林匹克運動會，凝聚五大洲的互助精神與和平意識。彩環的五種顏色，即藍、黃、黑、綠、紅，乃擷取自世界各國國旗最常採用的五大基本色，與五大洲本身並無關連。奧林匹克會旗由各屆舉辦城市輪流懸掛，作為奧林匹克運動會的象徵。

【徽章】

源自十二世紀歐洲十字軍的盾徽。起初,僅王侯貴族才可擁有盾徽。發展至後世,屬於地方自治團體的州、城市、主教區,甚至連同業公會、學生團體等,都擁有代表該單位團體的專屬徽章。徽章的外形輪廓以盾牌或頭盔為基本要素,內容圖案則相當多元。

神聖羅馬帝國的國徽

英國的國徽

主要紋樣 盾牌上由直線或曲線構成的幾何圖形,基本形式約有十種。

倫敦市徽　　　巴黎市徽

副屬紋樣　主要紋樣再細
分，僅佔徽章紋樣的一部
分。

標誌　徽章上形象具體的圖
樣，例如動植物、天文、器
具等。

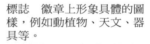

徽章各種變化式樣　如右上圖所示，以百合紋樣為主體，加上「徽領、徽緣、斜樑、徽帶」等附屬元素形成的各種變化式樣，如下圖。

以百合為標誌的徽章

 紫　 銀　 金　 黑

 綠　 藍　紅

Grimaldi Prince de Monaco, a pour Suports 2 Moines de S. Augustin.

de S. Georges de Vérac. Suport de Sirènes.

d'Escoubleau de Sourdis. Suports de Levrettes.

Gelas de Lautrec, Suports d'Ours Muselés accolés.

Mancini Mazarini, Suports d'Hermines Colletées et Mentelées.

Melun, Suports de Griffons.

功績勳章　以上為現存的功績勳章。勳章中央為盾紋，上配寶冠或頭盔，底標格言或標語，左右兩側安排持盾者或持盾獸。

紋章院長　掌管國家的授勳儀式、防範紋章受到不當使用的官吏。（註：該體制常見於英國等國家）

【騎馬競技】

中古世紀歐洲所盛行的騎士騎馬競技比賽。比賽分為兩組，以攻擊對方選手，使對方選手落馬為勝場，累積勝場次數較多的一方獲勝。十五世紀以後，騎馬競技多安排領主或貴族仕女觀賽，參賽的騎士與馬匹著盛裝出場，騎士手持長槍進行一對一的比賽。

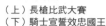

（上）長槍比武大賽
（下）騎士宣誓效忠國王

騎士　中古歐洲對於騎兵的稱呼。最初指法蘭克王國卡洛林王朝的重裝騎兵，而後隨著封建社會體制發展，至十一世紀時已有明確的身分意義。廣義的騎士泛指國王與全體王室及其家臣；狹義的騎士則不包含王侯，僅指家臣。在 18 至 20 歲期間，歷經受封儀式後便可成為騎士，享有平民沒有的武裝權、決鬥權，以及領土策封資格，但也必須承擔對君主盡忠、出任軍事任務或出仕朝廷等義務。在騎士社會中形成的特有風俗或倫理觀念稱為「騎士精神」。在古代日爾曼民族的習俗與基督教的強烈影響之下，騎士精神強調忠誠、武勇、侍奉上帝、保護弱者、尊敬地位崇高的女性並為其犧牲等美德。到了十二、三世紀，即十字軍東征期間，各教會團體紛紛成立所屬的騎士團，騎士享有的特權也獲得法律保障，因此十字軍東征時期可謂騎士的全盛時期。

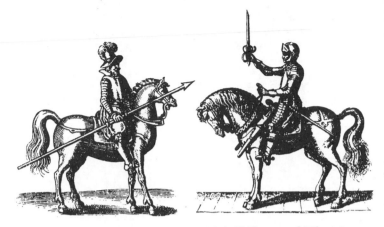

三十年戰爭　1618年至1648年，歐洲諸國以德國境內宗教對立為藉口介入所引起的戰爭。上圖為當時的騎兵。

左下圖為號稱「最後的騎士」的神聖羅馬帝國皇帝馬克西米利安一世（1508年加冕）的盔甲英姿。右下圖為十三世紀的盔甲。

【城堡】

軍事上為抵禦外侮所興建的建築。由城郭圍繞的內部建築為掌權者的居所；城郭之外則為城堡的附屬城市或集落與各種碉堡。城堡在十世紀至中古世紀末期遍及歐洲全域。城堡所在地通常為地理要塞，因此通外城牆通常砌築有砲眼的城垛，並在機要位置砌築小塔。城門為城堡唯一的聯外路徑，城外挖有壕溝的城堡則會在城門前加設吊橋。城牆內的主體建築為領主的居所，其他附屬建築物則有士兵住處與瞭望塔等。十五世紀以後，隨著軍事武器不斷進化，城堡逐漸喪失軍事意義，演變為貴族的官邸。

警戒用望樓
望樓
望樓的樓門
官邸
禮拜堂
頂砲眼
捷徑入口
城門
吊橋
門櫃
甕城
柵欄
捷徑入

軍旗
望樓

最高的望樓
巡視道
風信雞
儲水槽
城隅望樓
露台
砲眼
城牆
瞭望樓

中古歐洲的騎士
左上 英格蘭（十三世紀）
右上 法國（十三世紀）
下　德國（十四世紀）

中古歐洲戰士所配備的
武器

1. 軍鎚（十三世紀）
2. 鏈枷（十五世紀
3. 十字弓（十三世紀）
4. 盾牌、十字弓、箭筒、
   刀劍（十四世紀）

1. 攻城槌
2. 投石機
3. 架子弩
4. 弩砲

弩　由弩機與短弓組合而成。
為中國古代遠距射擊用的強
弓，與歐洲的弩砲屬於同性質
的武器。在火器出現以前的中
古世紀中葉，獲得廣泛應用。

法國的騎士
（十三世紀後半）

利用火繩槍打仗的士兵
（十六世紀）

歷代西洋盔甲

八世紀

十世紀

十四世紀

十五世紀

十六世紀

十一世紀

十二世紀

十三世紀

十六世紀末

十七世紀

【盔甲】

戰鬥護具，包括保護身體的鎧甲（鎧或甲）與保護頭部的頭盔（冑）。盔甲的材質隨戰鬥方式的改變而不斷演進。石器時代盔甲材質為樹皮或動物皮革製，而後逐漸演變成青銅製或鐵製。古代西洋盔甲以古希臘盔甲為代表。古希臘護甲中保護腹部與背部的部位由青銅片綴成，其下尚有鈑金層，最內層為布質內裡；頭盔材質為皮革或金屬。古羅馬戰士習慣使用質地輕盈的鐵製頭盔，護甲一般為韌皮綴成的皮甲，也有鏈甲等其他類型。以上為十世紀左右盛行的盔甲型式。至十三世紀末期，已有單片鐵板製成的鈑甲問世；至十五世紀，則有關節部位可靈活活動的鎧甲問世。

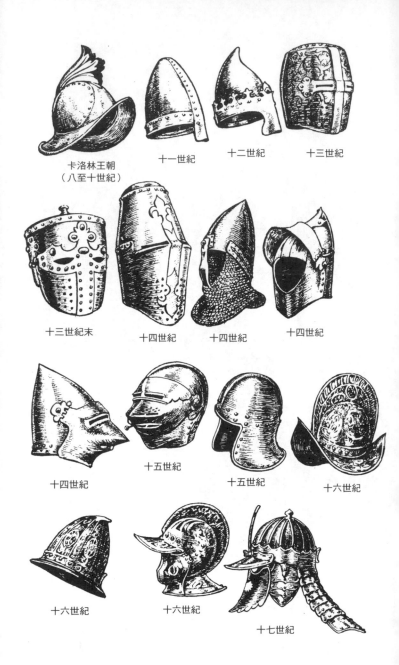

卡洛林王朝
（八至十世紀）

十一世紀

十二世紀

十三世紀

十三世紀末

十四世紀

十四世紀

十四世紀

十四世紀

十五世紀

十五世紀

十六世紀

十六世紀

十六世紀

十七世紀

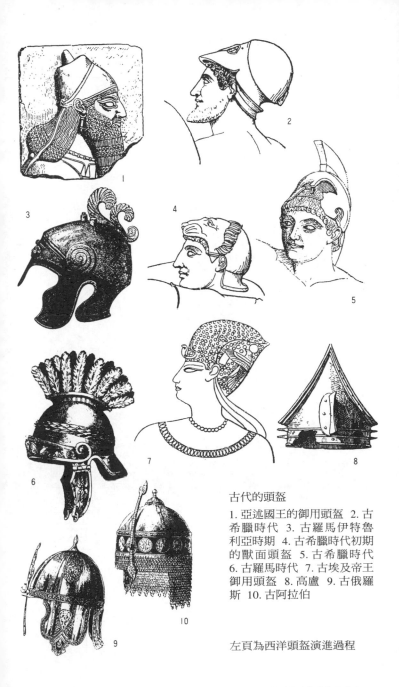

古代的頭盔

1. 亞述國王的御用頭盔 2. 古希臘時代 3. 古羅馬伊特魯利亞時期 4. 古希臘時代初期的獸面頭盔 5. 古希臘時代 6. 古羅馬時代 7. 古埃及帝王御用頭盔 8. 高盧 9. 古俄羅斯 10. 古阿拉伯

左頁為西洋頭盔演進過程

古代中國冑甲　中國在殷商時代已發展出青銅冑。在護甲方面，周朝以皮甲為主，漢朝以銅甲為主，至後漢時已有鐵甲問世，宋朝多採用腹卷式護甲，明朝則將鐵片或牙片襯在布衣內層。

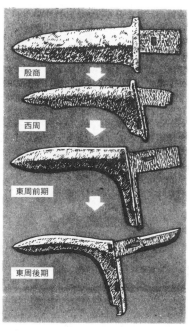

殷商

西周

東周前期

東周後期

【戈】

中國古代柄與援呈直角的青銅製武器，在中國古代以戰車為主體的戰爭型態時期為重要武器。戈的刃部形狀在發展初期，即殷商時代為寬短狀，歷經西周、春秋、以至戰國時代，才逐漸演變為細長狀，刃部下緣則隨柄部延伸。至戰國時代，已有結合矛與戈的戟問世。

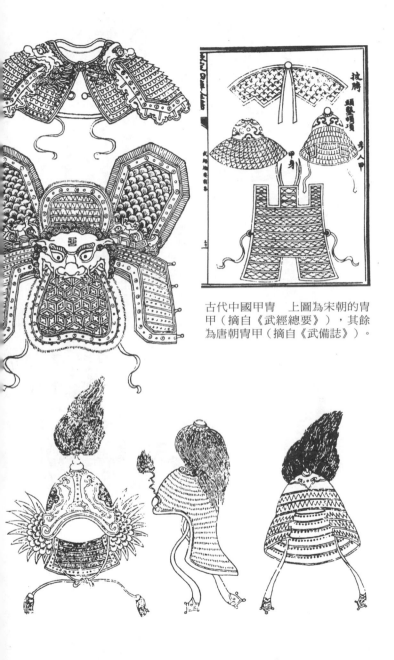

古代中國甲冑　上圖為宋朝的冑甲（摘自《武經總要》），其餘為唐朝冑甲（摘自《武備誌》）。

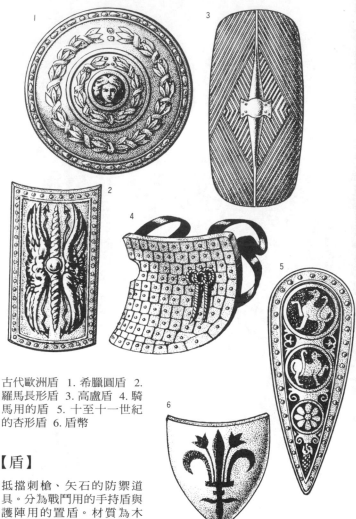

古代歐洲盾 1. 希臘圓盾 2.
羅馬長形盾 3. 高盧盾 4. 騎
馬用的盾 5. 十至十一世紀
的杏形盾 6. 盾幣

【盾】

抵擋刺槍、矢石的防禦道
具。分為戰鬥用的手持盾與
護陣用的置盾。材質為木
頭、皮革或金屬等，有圓
形、橢圓形等多種形狀。盾
牌上常繪有顏色或圖案。盾
是古希臘羅馬的常用防具，
至中古世紀更成為歐洲騎士
精神的象徵。在火器發明之
後遭到淘汰。

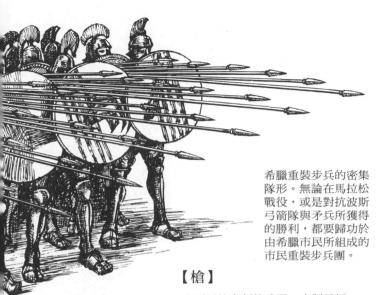

希臘重裝步兵的密集隊形。無論在馬拉松戰役,或是對抗波斯弓箭隊與矛兵所獲得的勝利,都要歸功於由希臘市民所組成的市民重裝步兵團。

【槍】

主要用於穿刺的武器。木製長柄,一端有尖頭,尖頭為木頭、骨頭或金屬材質。歐洲的鐵槍在古希臘時代現世,古羅馬人在戰役中投擲的槍屬於重標槍。歐洲至中古世紀時期,曾有長達 8 公尺的長槍問世。

手持長槍與盾牌的騎士(取自法國下諾曼第巴約市壁飾)

羅馬皇帝的禁衛軍

中國的盾

中國的盾

六朝武人
瓦俑

明朝步兵旁牌

明朝騎兵旁牌

中國的盾

台灣原住民的盾

法蘭克王國步兵

十字軍騎士

德國軍團徽章

十字軍　廣義指中古歐洲征討異教徒或異端份子的軍團。狹義指十一至十三世紀時，歐洲諸國為了解放基督教聖地巴勒斯坦，脫離塞爾柱帝國控制所組成的遠征軍隊。十字軍東征最後造成教宗威信大失、封建貴族沒落、王權相對擴張，但另一方面，也促進西方對東方貿易的繁榮發展。而東西貿易的發展，則使阿拉伯文化與科學得以傳入歐洲，成為往後西歐各都市蓬勃發展的契機。

古阿拉伯士兵

東羅馬帝國的步兵
（十世紀）

步兵
（十六世紀）

法蘭克國王查理七世時
代的步兵（十五世紀）

左下　古波斯帝國的裝甲
　　　騎兵
右下　埃及國王拉美西斯
　　　二世的禁衛軍

西洋刀劍　1.法蘭克人的劍 2.早期撒克遜人、法蘭克人戰鬥或狩獵用的大刀　3.十世紀末卡洛林王朝的長劍 4.劍鞘上有皮革製十字紋飾的長劍　5.十四世紀後半葉的長柄長劍

38頁右下　6.穿甲劍 7.十五世紀後半葉的刀劍　8.十六世紀義大利裝飾劍　9.法國國王法蘭索瓦一世御用裝飾劍

【刀、劍】

遠古時代便曾發展出石刀形式的刃器，但自銅劍問世以後，刀劍才成為攻擊武器。最古老的青銅劍可追溯至西元前3000年西亞出土的短劍。直至哈爾斯塔文化文化出現，鐵劍問世，青銅劍才淡出歷史舞台。十八世紀時，騎兵流行佩帶單刃軍刀（亦稱馬刀），之後歐美的刀劍大半為軍刀的天下，但不久便因為槍砲發達而失去實用價值。

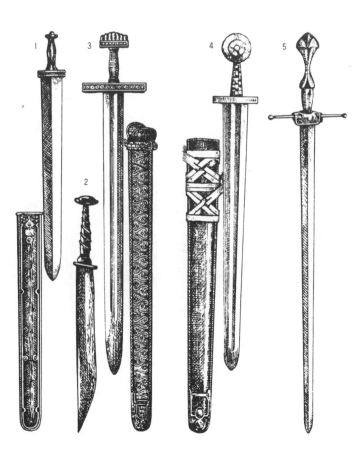

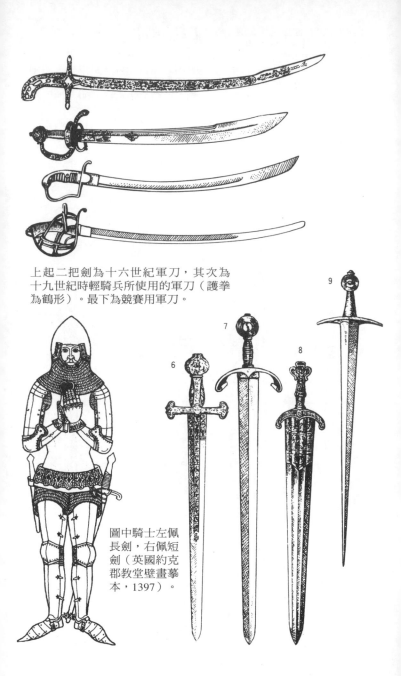

上起二把劍為十六世紀軍刀,其次為
十九世紀時輕騎兵所使用的軍刀(護拳
為鶴形)。最下為競賽用軍刀。

圖中騎士左佩
長劍,右佩短
劍(英國約克
郡教堂壁畫摹
本,1397)。

【武器】

戰鬥用器具，主要用途為殺傷敵人或戰馬。武器源於石斧等刃器，進而發展出弓箭、青銅斧或鐵斧，之後再發展出刀槍、盔甲等。十四世紀火炮問世，十五世紀後奠定重要地位，即使在擁有核子武器的現代仍為主要武器。

各式斧 1.古埃及斧 2.古羅馬戰士用斧 3.印度斧 4.十三世紀的瑞典斧 5.高盧雙刃斧 6.十六世紀的歐洲斧 7.法蘭克斧 8.十四世紀的歐洲斧 9.十六世紀的歐洲斧 10.中非斧

【軍隊】

專門負責軍事任務的武裝集團。在原始社會中，戰鬥成員全是男性，軍隊則是特別的戰鬥組織。隨著社會形態發展至階級社會以後，才發展出專業常備軍隊。軍隊的存在意義在於藉由武力維持國家權力，古今皆然。軍隊的任務是藉由武力，對內維持國家體制，對外達成國家目的。國家軍隊的編制，在古代為步兵，封建時代為騎士。君主專制時代，軍隊為備兵制，且發展出步兵、騎兵與炮兵三個兵種。近代以後，資本主義社會形成，多數國家採行徵兵制，但仍有部分國家採取募兵制，並發展出由步兵、騎兵、炮兵、工兵與輜重兵組成的陸軍，以及由鋼鐵軍艦為主力的海軍。空軍的軍備則是在二十世紀以後，隨著飛機工業發達而日益強大。

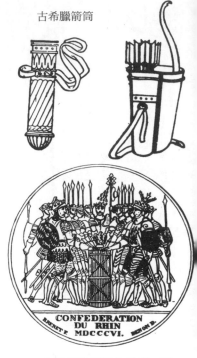

古希臘箭筒

象徵萊茵邦聯的徽章。圖正中央為拿破崙的老鷹。

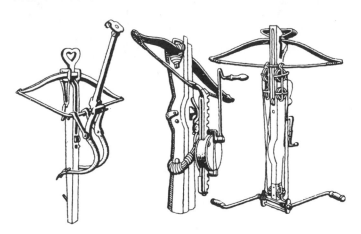

弩的演進　左起為槓桿式、齒輪式、捲筒式。

十六世紀初期，法國的火繩槍隊
火繩槍的發明使得步兵的編制增加，
火繩槍隊也自此納入步兵編制中。

槍　左起依序為十四世紀禁衛軍
的儀式用槍、十五世紀騎士佩用
的矛、十七世紀義大利樞機主教
西皮歐內・寶蓋賽（Scipione
Borghese）使用的槍、十六世紀
的長槍。

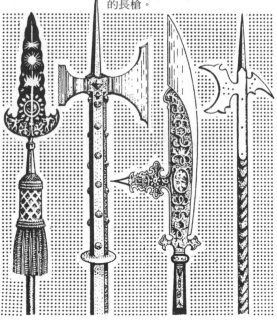

【步兵】

陸軍的主力，也是歷史最悠久的兵種。手持大型盾牌與標槍的斯巴達步兵可視為古代國家軍力的象徵。中古世紀時，騎兵取代步兵成為軍隊的主力。到了現代，機關槍、步槍等成為前線主要武器，第一線戰場也已採取槍戰、近身戰等。

上圖　法國軍服　1.路易十四世時代的砲手　2.炮兵（1758）　3.法國革命時期的步兵　4.步兵（1910）　5.擲彈兵（1818）　6.步兵（1830）　7.工兵（1865）　8.步兵（1878）　9.炮兵（1890）　10.步兵（1939）

右頁　英國軍服　1.士官（1910）2.擲彈兵（1704）　3.士兵（1742）4.擲彈兵（1768）　5.士兵（1800）6.士官（815）7.士兵（1854）8.士兵（1854）　9.士兵（1874）　10.士官（1914）

【大炮】

借助火藥的爆發力發射砲彈的兵器。口徑為 11 公釐以上。搬運與操作皆需兩名以上人力。依性能可區分為加農炮、榴彈炮、迫擊炮。依用途可區分為野炮、重炮、山炮、步兵炮、高射炮、反戰車砲、海軍炮。

初期的大炮 十四世紀

英國 後膛炮
十五世紀

石彈

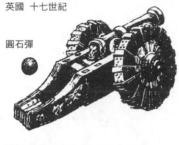

英國 十七世紀

圓石彈

法國
格利包佛爾式大炮
十九世紀初

德國 克魯伯兵工廠生產的近代大炮
十九世紀中葉

英國
阿姆斯脫朗炮
十九世紀中葉

法國 迫擊炮
口徑 81 公釐

重迫擊炮

大炮的誕生 十四世紀初出現於阿拉伯。英軍在英法百年戰爭的克雷西會戰中使用大炮助攻後，大炮立刻在十四世紀中葉成為常見武器。大炮的炮身最初為青銅或鑄鐵製，而後發展成中心搪孔的鑄鐵材質。大炮的子彈起初為石彈，而後發展出鉛彈、鑄鐵彈，甚至會爆裂的榴彈、散彈。

【高射炮】

對空射擊用的陸戰火器。1912年，德國陸軍改良口徑75公釐的野炮，成為高射炮的始祖。高射炮的炮管口徑為75至150公釐，最大可到口徑75公釐、長7000公釐，或口徑150公釐、總長2萬公釐的規模。可惜高射炮的命中率偏低。據說在第二次大戰前，在4000發高射砲中僅擊落一架飛機。

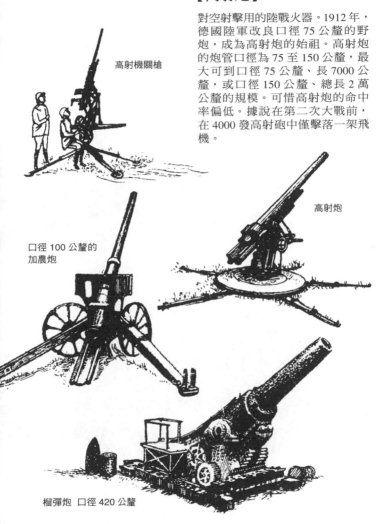

高射機關槍

高射炮

口徑 100 公釐的
加農炮

榴彈炮 口徑 420 公釐

加農炮 炮身長度為炮管口徑的二十倍以上，初速高，通常為平射，即使距離遙遠仍具有強大的貫穿力。依用途可區分為野戰重炮、戰車炮、要塞炮等。因具有射角寬廣、射程遠的優勢，獲得海軍採用。第二次世界大戰後，拜自動填裝技術之賜，加農炮的發射速度提升，另外，藉由炮身的內筒交換技術，初速與使用壽命也得以提升。

【機關槍】

自動槍支，除了單次擊發外，連續扣扳機也可連發子彈，有重型或輕型，空冷型或水冷型之分。依給彈方式又可分為彈匣式與彈鏈式。約自十七世紀起，以手動方式替換數綑彈藥的機關槍式炮身盛行，其中以加特林機炮最為著名，曾用於美國南北戰爭。

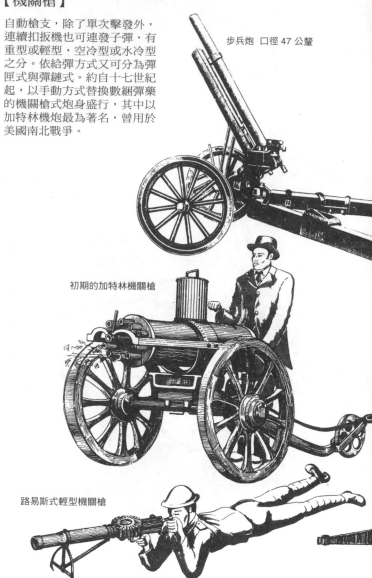

步兵炮　口徑 47 公釐

初期的加特林機關槍

路易斯式輕型機關槍

維克斯製馬克密式機關槍及
其機身（曾服役於第一次世
界大戰）

柯特製白朗寧式機關槍

雷達連動式高射機關槍
「天掃風」 美國

【手槍】

護身用或近距離戰鬥用，用單手即可操作的輕巧型槍械。一扣扳機便能立即發射子彈，同時帶動次發子彈上膛。通常配備 6 至 10 發子彈。槍管口徑慣用英吋為單位，且通常以簡稱描述口徑。例如口徑 0.45 英吋慣稱為「點四五」。另有口徑規格如點三八、點三二、點二五、點二二等。重量約 0.5 至 1.3 公斤。有效射程約 5 至 20 公尺。

手槍依彈匣的位置可分為兩大類，一類為槍管後部配備蓮藕狀彈匣的轉輪手槍，另一類為彈匣直接收在槍把內部的自動手槍。1835 年，美國軍人柯特發明了擊錘，這種能夠連動彈艙迴轉的單一動作式轉輪手槍獲得專利（註：扳機動作僅具釋放擊錘功能）。而後，柯特又發明了雙動作式轉輪手槍，使扣扳動作具備擊錘與迴轉彈艙的雙重功能。而自動手槍，則能藉由子彈發射時的反作用力與彈艙的發條退出彈殼，並進行次彈填裝。

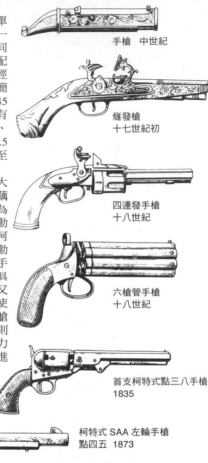

手槍　中世紀

燧發槍
十七世紀初

四連發手槍
十八世紀

六槍管手槍
十八世紀

首支柯特式點三八手槍
1835

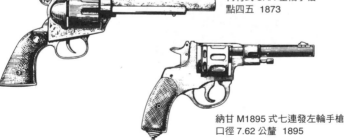

柯特式 SAA 左輪手槍
點四五　1873

納甘 M1895 式七連發左輪手槍
口徑 7.62 公釐　1895

自動手槍　扣下扳機後，立刻自動發射、
退殼與送彈的手槍。嚴格來說，應稱為
半自動式手槍。

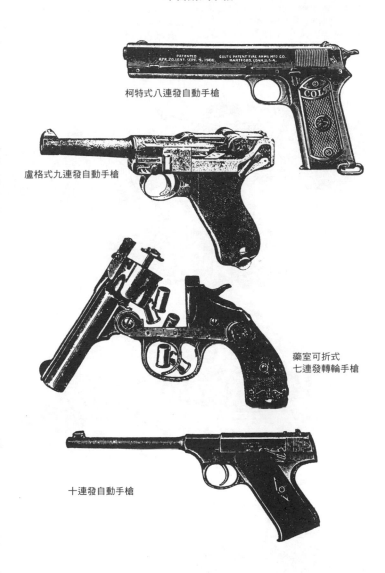

柯特式八連發自動手槍

盧格式九連發自動手槍

藥室可折式
七連發轉輪手槍

十連發自動手槍

【戰車】

戰鬥用車輛。攻擊威力強大，防禦也相當卓越，全車以十分堅固的裝甲板包覆。戰車以履帶代替車輪，即使在沒有道路的原野等環境中也能自由行走。古代歷史中不乏以牛車等充當戰車的例子。1916年9月，第一次世界大戰的索姆河會戰，英軍陣營首次出現了現代化戰車，不但有效排除機關槍的火力，還發揮奇襲。由於該戰車的外形酷似水箱，同時也為了保密，英軍便將該戰車命名為「Tank」，中文音譯為「坦克」。自此以後，坦克便成為此類戰車的固定名稱。

聖莎蒙型戰車
法國 1916

A 7VU 型戰車
德國 1918

M I 型戰車
英國 1916

虎型戰車
德國 1944

M4 雪曼型戰車
美國 1941

T-34 型戰車
蘇聯 1941

連發步槍

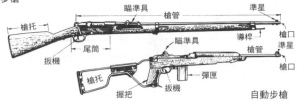

瞄準具　槍管　準星
槍托　　導桿　　槍口　準星
尾筒　　　　　瞄準具　槍管　　槍口
扳機　　　　　　　　　　　　準星
槍托　　　　　　　　彈匣　　　槍口
握把　　扳機　　　　自動步槍

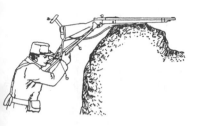

上 潛射步槍 士兵直接躲在壕溝
　 內進行射擊。

下 各國步槍所採用的槍彈形式。

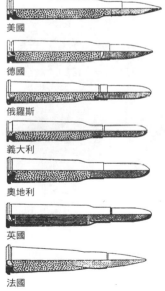

美國

德國

俄羅斯

義大利

奧地利

英國

法國

步槍 小口徑的軍用攜帶槍械。分為單發與連發，不過單發步槍已經徹底淘汰。連發步槍是利用發條原理，依序將彈艙內的子彈送進發射位置，再扣扳機，使撞針撞擊雷管，便可發射子彈。有效射程約 1500 公尺。在歷經二次世界大戰以後的今日，絕大部分國家皆已將自動步槍納入軍備項目。

手榴彈 用手投擲的小型榴彈，多用於近距離戰鬥。彈體為鑄鐵，內部填裝爆炸用的彈藥，搭配簡單的引信。約重 0.5 公斤，手擲距離約 30 公尺，引爆範圍約 10 公尺，具有強大殺傷力。

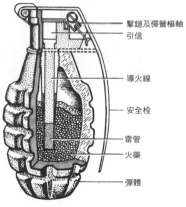

擊錘及彈簧樞軸
引信

導火線

安全栓

雷管
火藥

彈體

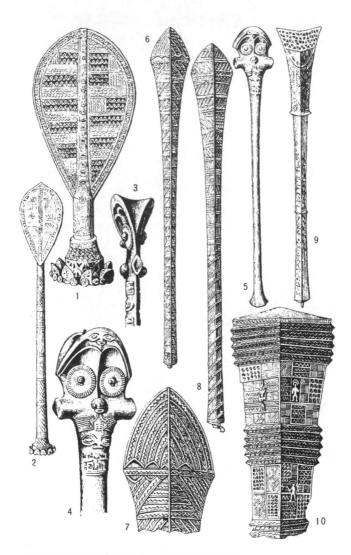

玻里尼西亞祭典禮儀用棍棒，曾作為武器使用
1. 至 2. 弗雷澤島赫威灣　3. 至 5. 馬克薩斯群
島　6 至 10. 東加島

海洋、帆船、輪船

黄道十二星座
金牛座

【海洋】

海洋的表面積約為 3 億 6105 萬 9000 平方公里，約佔地球表面積的 70.8％，且多分布於水半球。連續的海水面積約為 13 億 7032 萬 3000 立方公里，平均深度約為 3795 公尺。海洋可分為洋與海。面積寬廣，擁有源於該海域的強大洋流系統者稱為「洋」，例如太平洋、大西洋、印度洋，而以上三大洋合計佔全體海洋面積的 89％。面積較小，絕大多數沒有獨立洋流者稱為「海」。海洋又可進一步細分為地中海、緣海、海灣與海峽。所謂地中海，即深入大陸內部，藉由一個或數個海峽與大洋相連的海，例如位處歐洲的地中海、北極海、歐非洲地中海、澳亞地中海、波羅的海、黃海等。所謂緣海，即位處大陸外緣，因島嶼或半島阻隔而難以分界的海，例如白令海、鄂霍次克海、日本海等。

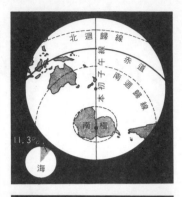

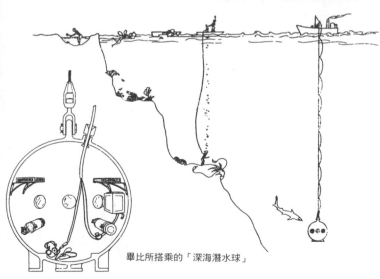

畢比所搭乘的「深海潛水球」

水半球　在地球上，以南緯48度，西經179度為極點劃分出的半球。水半球除了南極大陸與澳洲大陸以外皆為海洋，水陸比為9.6：1，因此德國地理學者阿爾布雷希特・彭克（Albrecht Penck）命名為「水半球」。

陸半球　地球上包含陸地面積最廣闊的半球。以法國羅亞爾河口為極點。陸半球包含歐亞大陸、非洲大陸與美洲大陸（不含智利與阿根廷），水陸比例約為1：1。

【海圖】

以海洋為主體，並呈現航海所需的地理資訊，包含沿海地物的水陸狀況等的圖。廣義上，供航海、學術、生產、資源開發等參考用途所製作，內容包含海洋的圖即稱為海圖。海圖一般以麥卡托圓柱投影法繪製，但也有極少數以心射切面投影法或多圓錐投影法繪製。

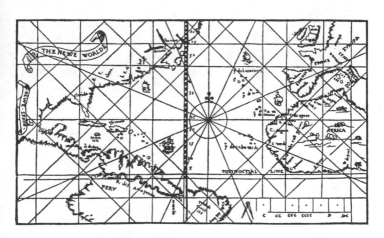

十六世紀繪製的大西洋海圖。中央縱線為新舊世界的交界。

【潛水調查艇】

潛入海中或深入海底以進行科學性調查的潛水艇。美國探險家畢比與巴爾頓等人所搭乘的深海潛水球（1934）可謂潛水調查艇的始祖。到了1950年代，可以自行操控的深海潛水艇FNRS 3號、特里亞斯號、阿基米德號等相繼問世，使得數千公尺至1萬公尺以上的深海調查不再遙不可及。

威廉・畢比（William Beebe）美國生物學家、探險家（1877-1962）。畢比與佛烈德瑞克・奧提斯・巴爾頓（Frederick Otis Barton）共同搭乘潛水球探勘深海，在1934年寫下深潛海底923公尺的紀錄。著作頗豐。

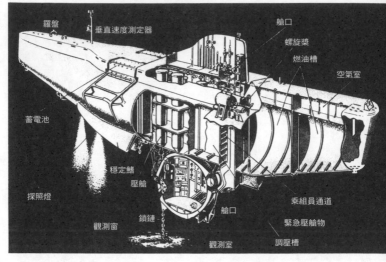

深潛艇 FNRS 3 號構造圖

圖中標示：羅盤、垂直速度測定器、艙口、螺旋槳、燃油槽、空氣室、蓄電池、穩定鰭、壓艙、探照燈、鎖鏈、觀測窗、乘組員通道、緊急壓艙物、調壓槽、觀測室、艙口

【深海潛水艇】

深海觀測用的潛水艇，1984 年由瑞士知名深海探險家雅克・皮卡德（Jacques Piccard）首次建造完成。潛航原理類似飛行船，潛水艇內設有鋼板製的浮力控制室，室內注滿汽油以配合水壓調節浮力，並利用浮力室的浮力懸吊球形抗壓觀測室，使整體潛艇的重量與浮力達到平衡。將水注入氣壓過渡艙水櫃便可沉潛，浮力的升降調控，則是藉由釋出鐵製散彈增加浮力，以及排出部分汽油降低浮力。深潛艇底部備有鏈條，當深潛艇抵達海底時便可垂下鏈條，藉由減少鏈條部分重量而懸停在海底上方的一定高度，再使用左右兩側的螺旋槳便可向前推進或迴轉艇身。

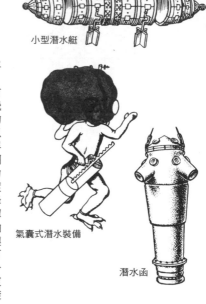

小型潛水艇

氣囊式潛水裝備

潛水函

【潛水裝備】

所謂頭盔式潛水裝備，是讓潛水人員頭戴潛水頭盔，身著布質潛水衣（兩者間以橡膠密合），並且配戴鉛塊以控制利於潛水的比重。潛水人員可藉由救生索與電話等配備與水面上的人員聯絡，並透過壓縮機輸送獲得氧氣。其他類型的潛水裝備例如面罩式潛水裝備，只配備面罩與水肺，是供捕魚拾貝或潛水運動的簡便潛水裝備。

潛水鐘

金屬衣式
潛水裝備

面罩式
潛水裝備

頭盔式潛水裝備

水肺

水肺 潛水配備。1942 年，法國人雅克－伊夫 · 庫斯托（Jacques-Yves Cousteau）等人發明水肺。水肺一詞其實為該項發明的註冊商標，即 Aqua Lugh（aqua 源自拉丁文，為水之意；lugh 即肺之意），該產品名稱其實應該是「水中呼吸器」（scuba，但現今水肺一詞已成為水中呼吸器的代名詞）。水肺主要由高壓氧氣瓶與空氣調節器組成，空氣調節器可配合水壓變化自動調節氣壓以利呼吸。潛水人員配戴水肺及潛水面罩、配重帶、橡膠製蛙鞋等其他裝備，便可執行潛水作業。

【船】

一般指大型船。小型的船稱舟或艇。船的最原始型式是筏、獨木舟、蘆葦舟、皮艇等。古埃及以紙莎草捆紮而成的草筏可謂歷史上最早的船之一。後來，人類以獨木舟作為船底，並附加兩舷材料等逐漸擴大船體規模，建造出適航性能更高的船隻。航行於地中海諸國的槳帆船可謂大型手搖槳式帆船的代表。

筏　將木材等材料捆束而成的水上輸送工具，可在河中順流輸送物資，也可在湖泊或海洋曳行輸送。不過海洋輸送筏建造所需的材料用量較大，材料的捆束等組合方式也比較特殊。熱帶地區通常利用竹管、輕木材等浮力較大的材料製作輸送筏。

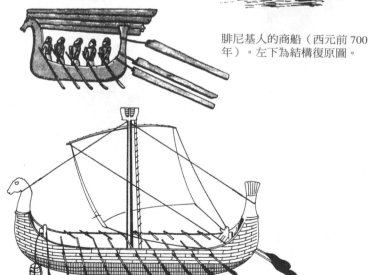

腓尼基人的商船（西元前 700年）。左下為結構復原圖。

古埃及船

左上　朝鮮木筏
左下　台灣竹筏

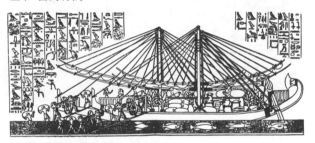

到龐特帝國裝載香料的埃及女
王哈特謝普蘇特的香料運輸船
。圖為哈特謝普蘇特女王祭殿
浮雕（第十八王朝）摹本。

斯巴達軍船　奧西亞神殿出土
的象牙浮雕複製圖。圖左端者
為女神。此浮雕可能是士兵在
航海任務結束平安返國後獻給
神殿之作。

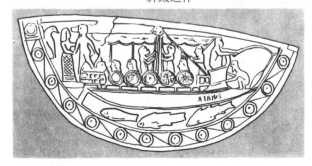

希臘軍船　西元前 550 年

希臘軍船　西元前 600 年

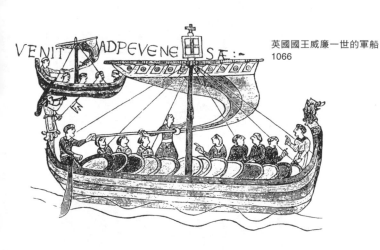

英國國王威廉一世的軍船
1066

VENIT ADPEVENE SÆ

大帆船 十六至十八世紀時由西班牙所研發。為便利建船材料（柚木、柳安木等木材）及馬尼拉麻蕉等輸入，西班牙人選擇在馬尼拉周邊建造大型帆船，以供太平洋航路之用。標準規格為200至300排水噸，大炮約二十門，但也有排水量逾1000噸的超大型帆船。大帆船的主要特色為高聳的艏樓與艉樓。此外，大帆船在設計建造上的第一考量是堅固的船身，因此在航速方面有所取捨。舉世聞名的西班牙無敵艦隊便是大帆船。

地理大發現時期（十六世紀初期）的大型船舶。圖為杜勒依據當時船徽刻製的版畫。

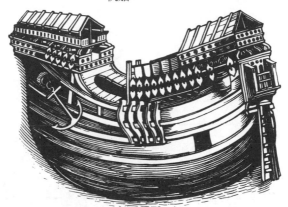

槳帆船 設置多支划水槳以協助航行的大型帆船。自古希臘羅馬時代起，地中海諸國便將槳帆船當作軍船航行於地中海，也兼其他航海用途。槳帆船在中古世紀時，受到義大利威尼斯、熱那亞，及地中海諸國廣泛採用。

威尼斯槳帆船 1571

【帆船】

利用風帆航行的船。凡是以風帆為主要利航裝置的船，即使設置其他輔助裝置，仍定義為帆船。早在古埃及時代，世界上便已出現懸掛橫帆的帆船。十五至十六世紀，帆船的帆裝樣式出現劃時代性的發展，除了懸掛大三角帆以外，風帆的準備作業或操帆也變得更加便利。大型遠洋帆船是在地理新發現、遠洋貿易航路開拓等時代背景下問世。十九世紀前半可謂帆船的全盛時期，總計5000噸的大型帆船或快速帆船相繼問世。然而，帆船不久便被緊接著問世的輪船所取代。

船帆　懸掛於船桅等部位協助鼓風，以利操控或推進船隻的裝置。依照帆的樣式，可區分為縱帆與橫帆兩大類。此外，帆也因其懸掛位置而有不同的名稱。

滿帆的四桅帆船暨各部位風帆名稱

四桅帆船的各部位風帆名稱 1.前桅帆 2.主帆 3.後桅帆 4.最後桅帆 5.前桅下帆 6.主桅下帆 7.後桅下帆 8.最後桅下帆 9.前桅上帆 10.主桅上帆 11.後桅上帆 12.最後桅上帆 13.前桅上上帆 14.主桅上上帆 15.後桅上上帆 16.最後桅上上帆 17.至20.頂桅帆 21.至24.天帆 25.艏三角帆 26.外艏帆 27.內艏帆 28.前頂桅支索帆 29.後縱帆 30.帆腳索 31.帆端上拉索 32.縮帆滑車 33.轉帆索 34.前帆腳索 35.前桅支索帆腳索 36.內艏帆腳索 37.外艏帆腳索 38.艏三角帆腳索

海盜旗　上為英國海盜克里斯多福‧康登（Christopher Condent）的海盜旗。下為綽號法國快活海盜（註：法文為 Le Jolie Rouge，即今日海盜旗英文 Jolly Roger 的語源）的海盜旗。

英國海盜法蘭西斯‧達克（Francis Drake）的海盜船　十六世紀末

船桅　與船體垂直或幾近垂直的木製或金屬製支柱。帆船通常具備一至四根桅。船桅最初為帆船的帆柱，現代商船則將桅轉做轉臂起重機支架、天線支架或旗竿使用。如今也有許多帆船棄用船桅，而改用門型吊竿柱。在軍艦上，船桅多與艦橋搭配成為一體的結構。

【海盜】

在海上掠奪其他船隻，或在沿海地帶搜刮居民的盜賊。自古以來，世界各地皆有海盜存在，許多時候，根本難以分辨碰上的是戰爭還是掠奪。八至十一世紀，以北歐為根據地的維京人（諾曼人）便是威嚇四方的海盜民族。中古世紀，地中海至亞洲海域一帶，一支信奉伊斯蘭教派的海盜四處掠奪。到了近代，尤其是英國伊莉莎白女王時代，則有私人掠奪船或其他海盜橫行於大西洋等海域，許多著名海盜便於此時興起。

哥倫布搭乘的葡式三桅輕帆船
「聖瑪莉亞號」（1492）。右圖
版畫為聖瑪莉亞號的船尾英姿。

東印度公司貿易船 1775

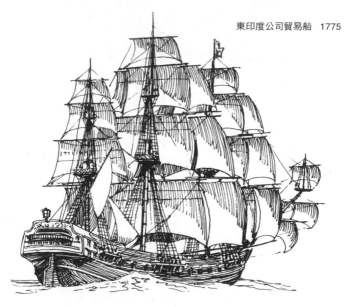

武裝商船 1450

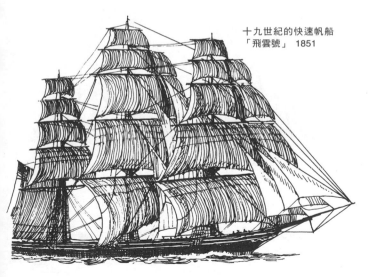

十九世紀的快速帆船
「飛雲號」 1851

英國的木帆船　1756

雙桅縱帆船

1. 艏支索帆 2. 支索帆 3. 艏三
角帆 4. 斜桁縱帆 5. 主帆 6.
支索帆 7. 後桅縱帆 8. 斜桁帆
9. 橫帆

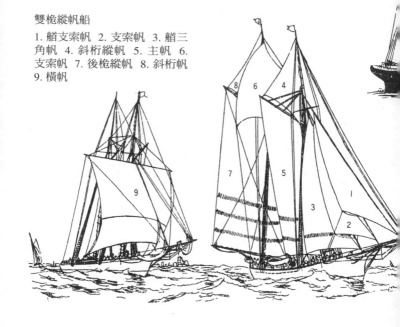

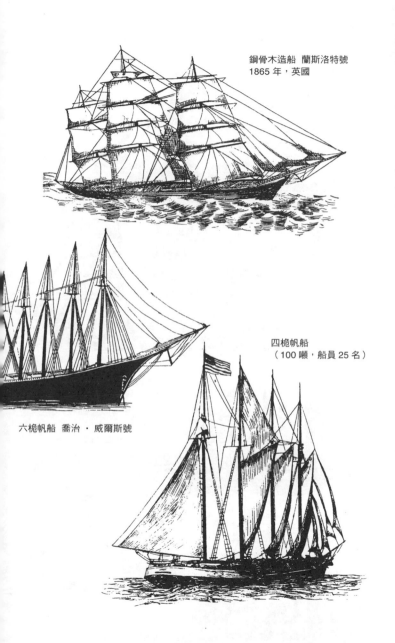

鋼骨木造船 蘭斯洛特號
1865 年，英國

四桅帆船
（100 噸，船員 25 名）

六桅帆船 喬治‧威爾斯號

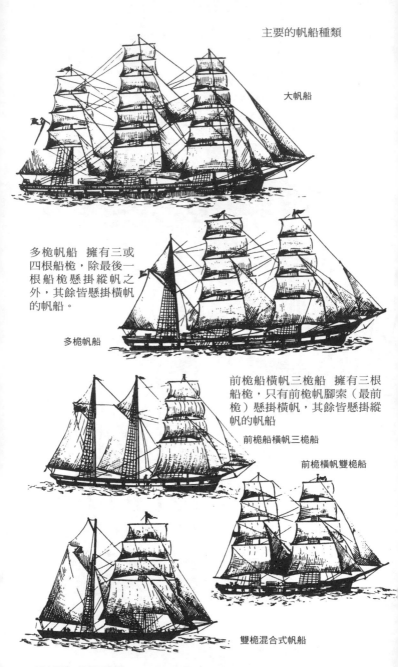

主要的帆船種類

大帆船

多桅帆船 擁有三或
四根船桅,除最後一
根船桅懸掛縱帆之
外,其餘皆懸掛橫帆
的帆船。

多桅帆船

前桅船橫帆三桅船 擁有三根
船桅,只有前桅帆腳索(最前
桅)懸掛橫帆,其餘皆懸掛縱
帆的帆船

前桅船橫帆三桅船

前桅橫帆雙桅船

雙桅混合式帆船

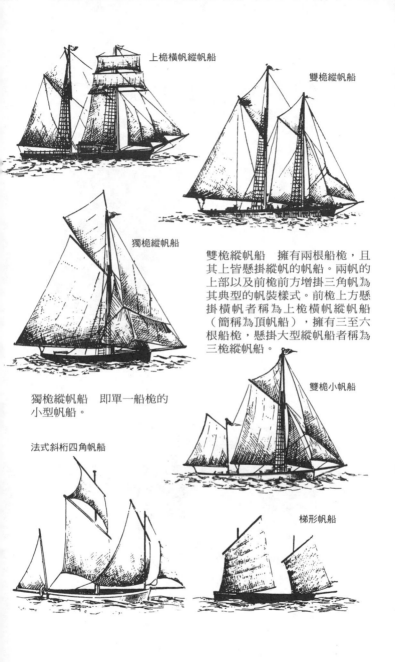

上桅橫帆縱帆船

雙桅縱帆船

獨桅縱帆船

雙桅縱帆船　擁有兩根船桅，且
其上皆懸掛縱帆的帆船。兩帆的
上部以及前桅前方增掛三角帆為
其典型的帆裝樣式。前桅上方懸
掛橫帆者稱為上桅橫帆縱帆船
（簡稱為頂帆船），擁有三至六
根船桅，懸掛大型縱帆船者稱為
三桅縱帆船。

獨桅縱帆船　即單一船桅的
小型帆船。

雙桅小帆船

法式斜桁四角帆船

梯形帆船

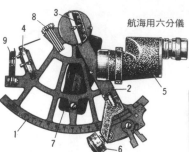

航海用六分儀

航海用六分儀

1. 分度弧 2. 指標桿 3. 指標鏡
4. 水平鏡 5. 望遠鏡 6. 測微鼓
（分釐鼓） 7. 握把 8. 指標色
鏡 9. 水平色鏡

船鐘

羅盤

又稱為羅盤儀。船舶或飛機用
來確認方位以利航行的基本儀
器。北方為 0 度，整圈為 360
度。

羅經盤的點式方位
判讀法

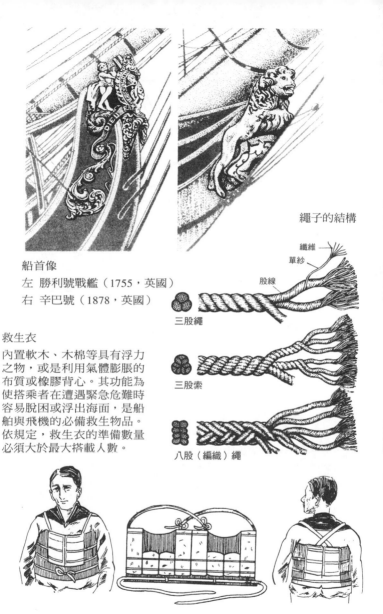

船首像
左 勝利號戰艦（1755，英國）
右 辛巴號（1878，英國）

繩子的結構

纖維
單紗
股線

三股繩

三股索

八股（編織）繩

救生衣

內置軟木、木棉等具有浮力之物，或是利用氣體膨脹的布質或橡膠背心。其功能為使搭乘者在遭遇緊急危難時容易脫困或浮出海面，是船舶與飛機的必備救生物品。依規定，救生衣的準備數量必須大於最大搭載人數。

【遊艇】

遊覽或運動用的特殊帆船。
廣義也指動力遊艇，一般指
利用風帆航行的帆遊艇。依
使用目的可分為巡航用、競
速用、遊覽用。依帆裝樣式
可分為獨桅艇、單桅縱帆船、
高低桅帆船、雙桅小帆船等。
在船體結構方面，小型遊艇
的結構簡單，只有半甲板，
頂多在船底配備能夠隨時上
下的垂板龍骨，以穩定船身
並防止亂流；而遠洋用遊艇
則具備龍骨；大型巡航用遊
艇更具備船艙及其他居住設
施。駕控原理與一般帆船相
同，但需憑藉特殊的專門技
術方能操控。

下風板

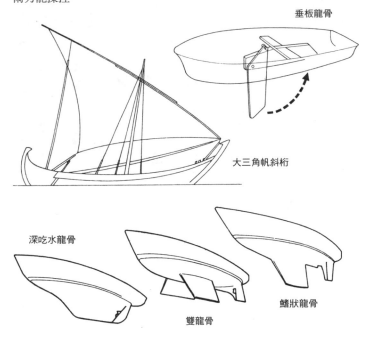

垂板龍骨

大三角帆斜桁

深吃水龍骨

鰭狀龍骨

雙龍骨

小划艇 最小型的競速遊艇。
帆裝樣式為單桅帆。以國際
單式 12 英呎小划艇最具代表
性。此外，大型船舶上搭載
的手搖槳式小型接駁船，或
是裝有風帆的小型救生艇也
稱為小划艇。

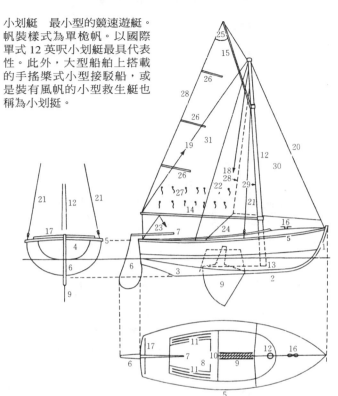

遊艇的艇身結構與艤裝

1. 艏柱 2. 龍骨 3. 龍骨艉端（艉鰭） 4. 艉橫板 5. 護舷材 6. 舵 7. 舵
柄 8. 艉凹艙 9. 垂板龍骨（中央板） 10. 槳手座 11. 舷側板凳 12. 船
桅 13. 桅跟座 14. 縱帆下桁 15. 縱帆上斜桁 16. 繫纜座 17. 帆滑車滑
環 18. 升帆索 19. 最高升程 20. 艏帆拉索 21. 固定索（靜索） 22. 後
支索 23. 主帆腳索 24. 艏三角帆腳索 25. 帆頂加固件 26. 橫棧 27. 縮
帆索 28. 帆後緣 29. 迎風飄帆（縱帆前緣） 30. 艏三角帆 31. 主帆

球龍骨

龍骨 由船首至船尾縱貫船底
中央，是船底脊柱的最重要
部分。可分為方形龍骨與平
板龍骨。為求遊艇停靠碼頭
時的穩定性，遊艇皆採用平
板龍骨。

著名的遊艇
上　瑪麗號
右　天涯號
下　信賴號

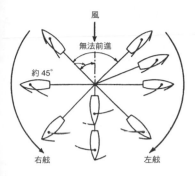

風

無法前進

約45°

右舷　　　左舷

單桅縱帆船

左 風向與行進方向的關係

帆船的航行原理　帆受風使得帆船前進。推進力為帆的張力與阻力的船體中心線方向的合力，即前方與後方的分力差。此時由於船體受到側壓，因此船體中心線與實際行進方向並不一致，而是朝著順風的方向，在稍微偏航的狀態下前進。影響帆船航行效率的因素眾多，假如只是要增加推進力，那麼增大帆的張力即可。不過，帆的張力與迎角（帆面與風向的夾角）必須維持在某個比例。倘若迎角過大，反而會偏離最佳比例，而減弱推進力。因此，在航行中必須隨時調整帆的開啟角度（風帆與船體中心線的夾角），以便隨時獲取最大張力。一般而言，帆船的最高速並非出現在受到來自船尾方向的逆風，而是出現在受到正側風時。

單桅縱帆船　單桅、擁有主帆與艏三角帆兩張帆的帆船。如果按帆裝樣式分類，單桅縱帆船為遊艇最基本的型態。單桅縱帆船的船形比較纖細，船舵較輕快而易於掌控。在競賽用的單式遊艇中，漂泊的荷蘭人型、星型、颶風型等屬於單桅縱帆船。

獨桅縱帆船

魚鱗疊接式殼板　平鋪式隔板

遊艇的木殼船體

高低桅帆船

高低桅帆船　依帆裝樣式分類，屬於遊艇的一種。擁有二根船桅：前桅與前桅帆較大；後桅較小，位置接近船尾，後桅帆也較小。是能耐遠洋風浪的大型船，航速相對較低，但操控性佳。此外，船上搭載的雜用艇也稱為高低桅帆船。

雙桅小帆船

雙桅小帆船　依帆裝樣式，屬於遊艇的一種。擁有二根船桅，類似高低桅帆船，採用高低桅帆船的長處。相較於高低桅帆船，帆面較寬，艇體也稍大。因為具備巡航能力而廣泛運用。

雙桅縱帆船

巡航艇　巡航用遊艇的總稱。此名稱是相對於競賽帆船而來。著重耐航性、操控性、居住性，而非速度。帆裝樣式有：獨桅縱帆船、高低桅帆船、雙桅小帆船、雙桅縱帆船等，其中尤以雙桅縱帆船最適合巡航遠洋。艇體一般都深且大。從只有半甲板的小型的雙桅縱帆船，到擁有船艙與其他可供長期居住的設備的數百噸帆船，甚至配備其他輔助機關的大型雙桅縱帆船都有。

帆船賽的船型

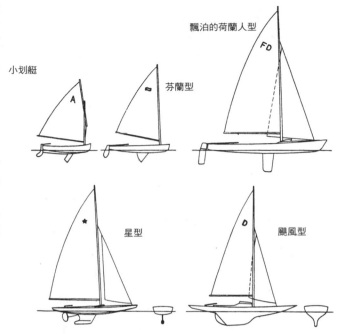

小划艇

A

芬蘭型

飄泊的荷蘭人型

FD

星型

颶風型

D

英國王室的巡航艇　不列顛尼亞號

1953 年 4 月下水

排水 4715 噸　全長 412 英呎

全寬 55 英呎　吃水 15 英呎

航速 21.5 節

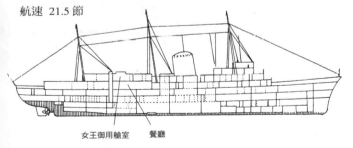

女王御用艙室　　餐廳

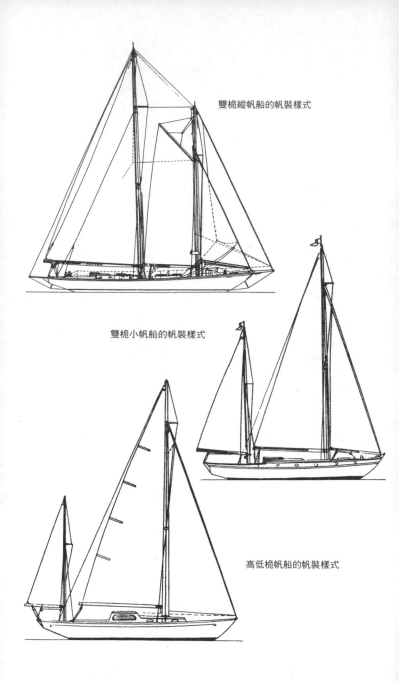

雙桅縱帆船的帆裝樣式

雙桅小帆船的帆裝樣式

高低桅帆船的帆裝樣式

上　中國明朝防範倭寇用的官船
（摘自《籌海圖編》）

中國帆船　船內以多道牆隔間，特色為無水平縱向加強肋。帆為草蓆或麻布製縱帆。專航國外航線的中國帆船構造堅固，甚至有達400噸的大型船艦，主要從事對東海或南海的沿岸貿易。國內航線專用的中國帆船則為平底，吃水淺，具備手搖槳的小型帆船。

中國帆船

蜑民　居住在中國廣東省珠江下游、福建省閩江下游地帶，以舟為家，藉由漁業、水運、珍珠採集等水上活動維生。

蜑民船

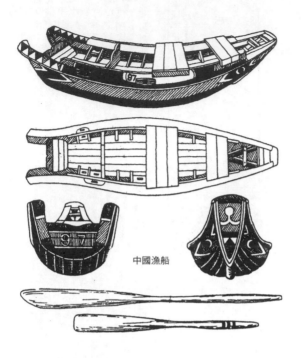

中國漁船

舟　搖槳划行的原始小船。製作
方式有數種，例如將樹幹中間挖
空、在木製船骨架上貼樹皮或獸
皮，或是以蘆葦等草本類植物捆
束組合而成。

中國漢口郊外利用鸕鷀
捕魚乘坐的小舟

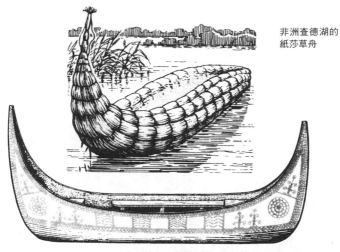

非洲查德湖的
紙莎草舟

台灣雅美族漁船 可乘坐一至二人的拼板舟

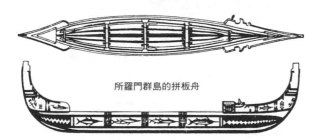

所羅門群島的拼板舟

威尼斯運河的鳳尾船 義大利威尼斯用於運河交通的小船。船長7至10公尺，船寬1.2至1.5公尺，船底為平底，船首與船尾向上翹起。船中央設有五至六人座的乘客席，船伕站在船尾站台上搖櫓撐船使船前進。自十一世紀起使用至今，十六世紀為顛峰時期。據說在顛峰時期有多達1萬艘的鳳尾船。1562年威尼斯市議會立法，將船身統一為黑色。

威尼斯運河的鳳尾船

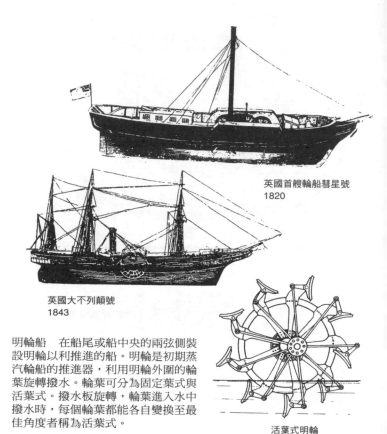

英國首艘輪船彗星號
1820

英國大不列顛號
1843

明輪船　在船尾或船中央的兩弦側裝設明輪以利推進的船。明輪是初期蒸汽輪船的推進器，利用明輪外圍的輪葉旋轉撥水。輪葉可分為固定葉式與活葉式。撥水板旋轉，輪葉進入水中撥水時，每個輪葉都能各自變換至最佳角度者稱為活葉式。

活葉式明輪

首艘橫越大西洋的美國薩瓦那號　1819 年

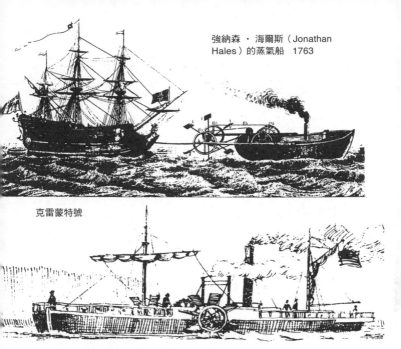

強納森 · 海爾斯（Jonathan Hales）的蒸氣船 1763

克雷蒙特號

克雷蒙特號 1807 年，美國人羅伯特 · 富爾敦（Robert Fulton）建造的世界首艘實用蒸汽輪船。為哈德遜河上定期往返於紐約與奧巴尼之間的商船。全長 40.5 公尺，寬 5.5 公尺，引擎汽缸直徑為 61 公分，採用直徑 4.6 公尺的外輪推進器。

透平尼亞號 首次採用蒸汽渦輪作為主要動力機的輪船。1894 年在英國建造。4000 噸，裝載英國巴森茲爵士（Sir Charles Algernon Parsons）製作的 2400 馬力渦輪。1897 年試航時，時速達 34.5 海浬，為渦輪奠定船用高速動力機的地位。

透平尼亞號

【輪船】

十九世紀初期開始，蒸汽機被應用為船舶推進器。1807 年，富爾敦的克雷蒙特號成為首艘商業運航的輪船。起初，輪船以明輪作為推進器。然而自 1839 年的阿基米德號開始，輪船改以螺旋槳作為推進器。此外，隨著輪船於十九世紀問世，船體材料也出現重大變革——由木造船演進為木鐵合構船，而後又歷經鐵構船階段，最後世界首艘遠洋鋼船（1770 噸）在 1879 年問世。

大東方號　1858 年鑄造，高達 1 萬 8915 噸的劃時代大型輪船。設計者為英國人伊桑巴德・金德姆・布魯內爾（Isambard Kingdom Brunel）。該船除了搭載兩具明輪與一具螺旋槳蒸汽機以外，還配備風帆，航速為 15 節。為因應淘金熱潮而發起的澳洲航線所興建。

豪華客輪茅利塔尼亞號　1907 年建造，3 萬 2000 噸，採蒸氣渦輪機發動，功率達 6 萬 8000 馬力。

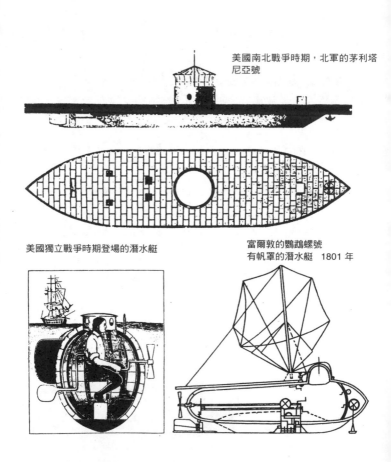

美國南北戰爭時期，北軍的茅利塔尼亞號

美國獨立戰爭時期登場的潛水艇

富爾敦的鸚鵡螺號
有帆罩的潛水艇　1801 年

大東方號

茅利塔尼亞號　1907 年

1800

1840

1860

1880

螺旋槳推進器　船舶用推進器。槳葉形狀類似日本古代的禮帽。利用槳葉旋轉將水撥到後方，並藉由槳葉撥水的反作用力前進。螺旋槳的材質有錳青銅、鋁青銅等。小型船的螺旋槳推進器一般為兩葉，高速迴轉用的螺旋槳推進器一般為三葉。至於油輪等吃水變化較大的船舶，其螺旋槳推進器則有三至六片槳葉。

伊莉莎白女王號

伊莉莎白女王號郵輪　英國冠達
郵輪船隊所屬豪華客船。1940 年
竣工。全長 314 公尺，總噸位為
8 萬 3673 噸，為史上最大的郵
輪。巡航速度為每小時 28.5 海
浬。

美國號郵輪

美國號郵輪　美國航線客船。1952 年由美
國政府建造，後來轉讓給民間企業。船長
302 公尺，寬 31 公尺，總噸位為 5 萬 3329
噸，總乘客數 1966 人。1952 年 7 月的處
女航刷新橫渡大西洋所需最短時間記錄，
並獲頒藍帶獎。

註：藍帶是授予最快橫渡大西洋的船舶的獎項。該獎項名稱源自賽馬，直至 1910 年
　　後才廣為使用。無論何種船舶採用哪條航線橫渡大西洋，均以船舶的平均速度為
　　比較基準。

熱氣球、飛機

黃道十二星座
雙子座

【氣球】

能夠在大氣中飛翔的熱氣球有
「自由氣球」與「繫留氣球」
兩種。1783 年，法國孟戈菲爾
（Montgolfier，造紙商）兄弟以
紙製做氣囊，在氣囊內填充熱
空氣的方式製作自由氣球。史
上首次成功將自由氣球送上天
空飛行的人，則是另一位法國人
羅吉爾（Jean-François Pilâtre de
Rozier，化學老師）。現代熱氣
球的氣囊為橡膠或塑膠材質，內
部所填充的氣體為氫氣或氦氣。

達文西的撲翼機
十六世紀初

貝尼埃的撲翼機　1678

【飛機】

飛機不同於動力推進的「滑翔
機」以及使用固定機翼的「直升
機」。1903 年，美國萊特兄弟以
搭載 12 匹馬力汽油引擎的雙翼
飛機成功翱翔天際，而他們駕駛
的飛機公認為史上第一架飛機。
然而在此之前，英國人阿瑟・
凱萊等人所進行的理論研究與模
型實驗，以及德國人奧托・李

林塔爾駕駛滑翔機進行 2000 次
以上的飛行記錄等，都可說是促
成這項光榮創舉的基礎。

美國萊特兄弟製作的劃時代飛
機，左右兩側各設置一具螺旋槳
推進器，飛行員必須伏在機身上
操控飛機。時速為 48 公里。

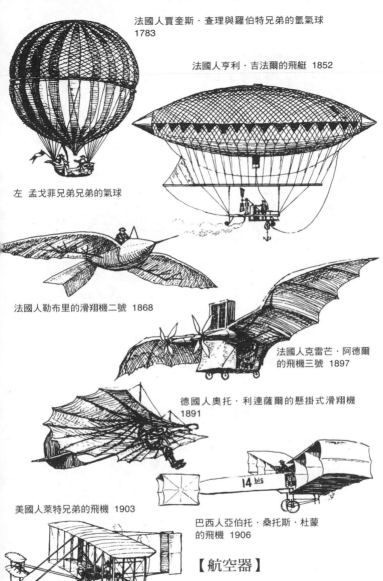

法國人賈奎斯·查理與羅伯特兄弟的氫氣球
1783

法國人亨利·吉法爾的飛艇 1852

左 孟戈菲兄弟兄弟的氣球

法國人勒布里的滑翔機二號 1868

法國人克雷芒·阿德爾
的飛機三號 1897

德國人奧托·利連薩爾的懸掛式滑翔機
1891

美國人萊特兄弟的飛機 1903

巴西人亞伯托·桑托斯·杜蒙
的飛機 1906

【航空器】

可分為比空氣輕的「輕航空器」
與比空氣重的「重航空器」。輕
航空器包含無動力的氣球、搭載
動力的飛船。重航空器則包含無
動力的滑翔機、搭載動力的飛機
與直升機等。

1903 年 12 月 17 日
萊特兄弟進行世界史上首次動力飛行。地點在美國北卡羅萊納州的小鷹鎮。

美國飛行先驅塞繆爾‧皮爾龐特‧蘭利設計的第五號飛機模型。該飛機由艦艇起飛,寫下飛行距離 128 公尺的紀錄(1890)。

法國爵士克雷芒‧阿德爾設計的雙蒸汽引擎飛機。雖可飛行,卻無法操控,且隨即毀壞(1890-1899)。

法國人亨利‧法曼的雙翼飛機,尾部為箱型風箏式。此為首架飛行距離達 1 公里以上的歐洲飛機,也寫下首次於空中迴旋後還能回到起飛點的世界記錄(1907)。

法國人路易‧布萊里奧在 1909 年所駕駛的飛機。該飛機以 37 分鐘飛越英吉利海峽而舉世聞名,搭載 25 匹馬力的汽油引擎,最大時速為 75 公里。

福克 E-4 式 戰鬥機(德國)
服役於第一次世界大戰初期,是世上首架可趁螺旋槳劃過時發射機關槍子彈的戰鬥機。

迪・海維蘭　DH-2 型　戰鬥機（英國）

迪・海維蘭公司（1882-1965）所設計，1916 年問世，屬於初期戰鬥機。時速 150 公里，機鼻配備機關槍。

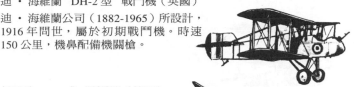

信天翁　D.II 式　戰鬥機（德國）

機身為膠合木板製的單體構造。

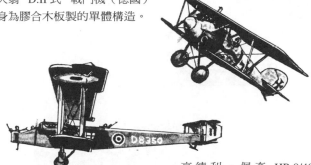

亨德利・佩奇 HP-0/400 型　轟炸機（英國）

第二次世界大戰時同盟軍陣營最大型的轟炸機。

哥達式　IV 型　重轟炸機（德國）

搭載雙引擎。曾執行轟炸倫敦任務。

斯帕德式　戰鬥機（法國）

法國空軍用機。

福克　Dr.I 型　戰鬥機（德國）

德國空軍所屬。屬於當時極盛行的三翼式戰鬥機。曾伴隨曼弗雷德・阿爾布雷希特・馮・里希特霍芬男爵等人獲得彪炳戰績

索普威斯　駱駝式　戰鬥機（英國）

1917 年以快捷靈敏的機動性能聞名於世。

英國布里斯托公司生產的雙人戰鬥機。

寇蒂斯　JN-4D 型　教練機（美國）

別名珍妮。除役後轉讓予民間使用，因經常出現於飛行表演場合而有「空中吉普車」之稱。

迪・海威蘭　DH-9c 型　客機（英國）

曾以轟炸機身分服役於第一次大世界。戰後變身為早期客機，往返於倫敦與巴黎間的定期航線。

容克斯　Ju-13 型　客機（德國）

為民間航空設計的早期客機，也是史上首架全金屬製客機。

寇蒂斯　NC-4 型　水上飛機（美國）

搭載四具 400 匹馬力引擎。1919 年
由美國海軍駕駛，從紐芬蘭起飛過
境亞速群島，成為首架成功飛越大
西洋的水上飛機。

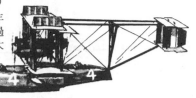

維克斯　維美式　轟炸機（英國）

搭載兩具 360 匹馬力引擎。1919
年自紐芬蘭起飛，降落在愛爾
蘭，創下史上首次直接飛越大
西洋記錄。美中不足的是機鼻在著陸時撞
擊地面嚴重損壞。最高時速為 165 公里。

寇蒂斯　CR-3 型　水上飛機（美國）

配備 500 匹馬力引擎。1923 年創下時
速 365 公里的優異紀錄。

荷蘭　福克　F- Ⅶ B-3m 型　單翼飛機

史上首架搭載三具引擎的單翼飛
機（200 匹馬力）。曾締造
多次長距離飛行與飛越
大西洋的紀錄。

萊安　聖路易斯精神號　單翼飛機（美國）

美國人查爾斯 ‧ 奧古斯都 ‧ 林白的座機。曾創下首
次從紐約至巴黎無著陸橫越大西洋的光榮記錄。

都尼爾　Do-X 型　水上飛機（德國）

巨型運輸用水上飛機。搭載 615 匹馬力引擎，全機
重約 55 公噸，載客人數 75 人，翼展長 48 公尺，時
速約可達 209 公里，但不甚實用（1929）。

洛克希德　獵戶座式　客機
（美國）

1930 年，以 13 小時刷新
飛越美洲大陸所需的時間
記錄。採用完全嵌入式的
降落裝置。

亨德利・佩奇　HP-42 型
漢尼拔式　客機（英國）

搭載四具 490 匹馬力引擎，
載客人數 38 人（1930）。

維克斯　超級馬林式　S-6B 型
水上飛機（英國）

搭載 2300 馬力引擎，1931 年
打破時速 804.5 公里的紀錄。
為噴火式的前身。

洛克希德　織女星式　飛機（美國）

1931 年，獲得世界快速長途往返
飛機的殊榮。波斯特曾駕駛該機創
下 8 天 15 小時 51 分環繞地球一周
的記錄。

波音 P-26 型　戰鬥機（美國）

搭載 550 馬力引擎。時速可達 346 公
里，創下當時全世界時速最高的記錄
（1931-1932）。

波音 B-9 型　重轟炸機（美國）

史上首架全金屬製雙引擎重轟
炸機。時速約 300 公里。

孔維勒　吭喝蜂　競速機（美國）

1932 年以時速 473.82 公里創下陸上飛機
的最高記錄。

達瓦丁尼　D-332 型　客機（法國）

搭載三具 600 匹馬力引擎，載客人數 14
人，飛行時速 250 公里（1933）。

迪・海威蘭　彗星式　高速飛機（英國）

搭載雙引擎、中輸出馬力的小型長距離
高速飛機。1934 年以 71 小時 18 秒（飛
行時間為 63 小時 55 分）成績贏得英國
飛往澳洲競速比賽冠軍。最高時速 378
公里，續航距離 4640 公里。

馬丁　M-130 中國飛剪式　水上飛機（美國）

搭載四具 3300 匹馬力引擎，載客人數 46 人。
遠東航線的水上飛機（1935）。

道格拉斯　DC-3 型　運輸機
（美國）

第二次世界大戰期間為美軍
運輸機，在當時廣受採用。
戰後日本及世界各國採用為
客機（1936-1937）。

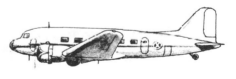

波音 307 客機（美國）

配備完全密封艙，為首架航行於亞平流層的客機
（1938）。搭載四具 1100 匹馬力引擎，最高時速
388 公里。編列乘務員 5 名，載客人數 33 人。

容克斯 87 型 轟炸機（德國）

活躍於納粹德國空襲波蘭、法國行動。俯衝式
轟炸機，因此也有人以
俯衝式轟炸機的德文
「Sturzkampfflugzeug」
（簡稱「Stuka」，音
斯圖卡）來稱呼該型飛
機。最高時速 390 公里
（1938）。

梅塞修密特 Me-109 型 戰鬥機
（德國）

自 1932 年首飛以來，已從 A 型
量產至 G 型。G 型最高時速 730
公里。

維克斯 超級馬林式 戰鬥機（英國）

英國當代最具代表性的戰鬥機。最
大時速 582 公里。各種機型皆有，
以善於輕快的運動著稱。

維克斯－阿姆斯壯 威靈
頓式 重轟炸機（英國）

英軍在二次世界大戰開戰
時採用的轟炸機。能夠長
程飛行，搭載雙引擎，機
鼻與機尾皆配備機砲。

秀特 桑德蘭式 水上飛機（英國）

巡邏用大型水上飛機。
雖淪為德國潛艦的恐怖
攻擊目標，但也屢次成
為德、義戰鬥機的最佳
誘餌。最高時速 338 公
里（1938）。

波音 B-17 飛行堡壘式 重轟炸機（美國）

長程重轟炸機。

迪・海威蘭　DH-98 蚊式　戰鬥
轟炸機（英國）

曾於世界大戰現身的全木製小型
高速轟炸機，翻轉性能極佳，為
因應戰鬥、偵察、攻擊、轟炸等
多種用途而製造。

聯合　B-24J 型　解放者式　重轟炸機
（美國）

搭載四具擁有 1200 匹馬力引擎。為
美國空軍效力，世界大戰期間生產
了 1 萬 8000 架。

葛洛斯特　E-28/39 型　噴射機
（英國）

同盟軍最早使用的噴射機。搭
載惠特研發之渦輪噴射引擎的
實驗機。

容克斯　88 型　轟炸機（德國）

雙引擎的中型轟炸機。

格鲁曼　F6F　地獄貓式　戰鬥
機（美國）

屬於艦載戰鬥機。搭載 200 匹
馬力引擎，最高時速 579 公里。
產量達 1 萬架以上。

北美　P-51 型　野馬式　戰鬥機（美國）

曾出任韓戰。最高時速 700 公里。

阿弗羅　蘭開斯特1型　轟炸機（英國）

搭載四具引擎的大型轟炸機。積載量10公噸，最高時速483公里。

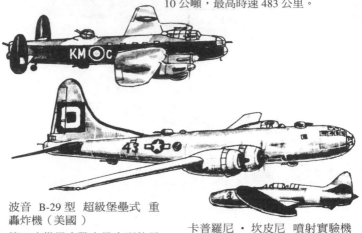

波音　B-29型　超級堡壘式　重轟炸機（美國）

第二次世界大戰中最大型的長距離重轟炸機，服役於美國空軍，因參與空襲日本任務而聞名。搭載四具2200匹馬力引擎，續航距離5230公里，最高時速550公里，可搭載四顆單重540公斤的氫彈，具備氣密室、雷達裝置、遙控式機關槍等劃時代的儀裝。

卡普羅尼　坎皮尼　噴射實驗機（義大利）

義大利的初期實驗機（1941）。只搭載簡單的驅動引擎，最高時速209公里。

梅塞修密特　Me-262型　戰鬥機（德國）

史上最早的實用型戰鬥機。搭載雙引擎，最大時速870公里（1943）。

貝爾　X-1型　火箭式　研究機（美國）

美軍的速度研究機，屬於超音速飛機。可自波音B-29的腹部脫離，搭載強力火箭推進器，火箭引擎可使用2.5分鐘（1947）。

格魯曼　9-F型　黑豹式噴射戰鬥機（美國）

美國航空母艦的艦載噴射戰鬥機。曾在韓戰中相當活躍。

道格拉斯 DC-4 型 運輸機（美國）

美國最具代表性的運輸機。搭載四具引擎。原型完成於 1933 年。廣為世界各航線所採用長達 20 年之久，產量達 2 萬 1000 架以上。最高時速 341 公里，續航距離 2540 公里。

洛克希德 星座式 運輸機（美國）

搭載四具 2500 匹馬力引擎，載客人數 64 人，為近代美國長距離運輸機的代表（1943）。

米格 -15 型 戰鬥機（蘇聯）

在朝鮮戰爭中極富盛名的蘇聯噴射戰鬥機。最大時速 1075 公里。

迪・海威蘭 彗星式 客機（英國）

1949 年在義大建造，史上首架噴射客機。編列乘務員 4 至 5 人，載客人數 36 至 48 人。搭載四具噴射引擎，時速 790 公里，續航距離 5710 公里。

波音 B-52 型 同溫層堡壘式 重轟炸機（美國）

搭載八具強力噴射引擎。高速飛行表現不遜於噴射戰鬥機。

卡拉維爾 SE-210 型 客機（法國）

中短程噴射運輸機。1959 年啟航。常用速率 0.77 馬赫。

強司・伏特 F-8 十字軍 戰鬥機（美國）

美國海軍引以為傲的全天候戰鬥機。搭載單具噴射引擎，最大速率為 1.97 馬赫。

康維爾 B-58 型 轟炸機（美國）

中程超音速轟炸機。搭載四具引擎，屬於大型轟炸機，最高航速可達 2 馬赫，主翼前緣的後退角為 60 度。全機電子裝置約佔總造價的 41%。

布雷蓋 941-S 型 短程起降機（法國）

法國短程起降機，機翼後緣的襟翼下折角度直逼 90 度，可將螺旋槳後的尾流導向下方，以獲得巨大向上揚升的空氣動力。受惠於此特性，本機可藉 300 多公尺的滑行進行起降（1961）。

霍克・賽德列 P-1127 型鷹式攻擊機（英國）

式噴射引擎，可利用引擎產生的空氣動力，無需借助滑行便可進行垂直起飛或降落（1961）。

達梭 神祕 20 型 商務機（法國）

載客人數 10 至 20 人，為近代搭載雙引擎的噴射機（1963）。

波音 727 型 噴射客機（美國）

搭載三具引擎，載客人數 130 人，專飛中程航線，世界上最主要的客機之一。

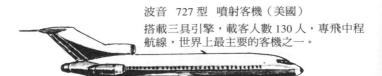

洛克希德 SR-71 型 偵察機（美國）

超音速長程戰略偵察機，也是史上首架速率
超越 3 馬赫的戰略偵察機。同系列的另一款
機型為 YF-12A 型戰鬥機（1964）。

XC-142A 型 運輸機（美國）

垂直起降式的中型運輸機。
在美國陸海空三軍共同研發
之下問世。搭載渦輪式螺旋
槳發動機。起降主翼時隨著
四組螺旋槳朝上，以推進力
支撐機身重量；前進時則令
螺旋槳朝向前方（1964）。

安托諾夫 AN-22 型 運輸機（蘇聯）

巨型運輸機。搭載四具 1 萬 5000 匹馬力渦輪螺旋
槳發動機，總重達 250 公噸，翼展長 64 公尺，可
積載貨物 80 公噸（1965）。

協和式 客機（英法兩國共同研究開發）

史上首架超音速客機，載客人數 138 人，以 2.2
馬赫的超音速可航行 6700 公里之遠。1969 年
展開處女航，1976 年正式啟航。

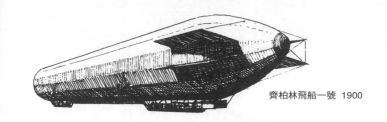

齊柏林飛船一號 1900

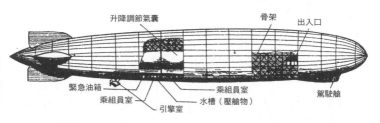

升降調節氣囊　骨架　出入口

緊急油箱　乘組員室
乘組員室　　水槽（壓艙物）　駕駛艙
　　引擎室

上 齊柏林飛船的構造

【齊柏林飛船】

德國飛船技術設計家斐迪南・馮・齊柏林（Ferdinand Graf von Zeppelin）伯爵研究開發的飛船。1900 年，齊柏林最初設計的硬式飛船 LZ1 飛航成功，之後便著手設計大型飛船。齊柏林式飛船共計 119 艘，曾於第一次世界大戰擔任空襲英國的任務。著名的齊柏林 LZ127 型伯爵號於 1928 年建造，全長 135.5 公尺，最大徑 30.5 公尺，氣體容積為 10 萬 5000 立方公尺，有效積載量為 30 公噸，搭載五具 530 匹馬力引擎，巡航時速 117 公里，續行距離 1 萬公里，1929 年創下環繞世界一周的新紀錄。可惜自 LZ129 型興登堡號 1937 年在美國紐澤西州雷克霍斯特失火墜毀之後，大型的硬式飛船便遭棄用。

自由氣球　A. 空氣閥控制索　B. 裂瓣索　C. 裂瓣 D. 沙包　E. 自動記錄式高度表　F. 高度儀　G. 爬升指示器　H. 著陸索　I. 通氣調整索

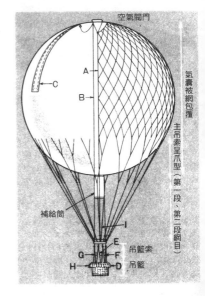

空氣閥門

氣囊被網包覆

主吊索呈爪型（第一段、第二段網目）

補給筒

吊籃索

吊籃

洛杉磯號飛船的駕駛艙

1. 自動記錄式氣壓計　2. 繫留索張力計　3. 溫度計　4. 升降計　5. 氣壓計（碼錶與傾斜計）　6. 晴雨計照明燈　7. 氣房膨脹指示器　8. 升降舵角指示器　9. 升降舵　10. 陀螺式前後傾斜儀　11. 艙壓增減裝置　12. 氣體調節裝置　13. 攜帶式照明燈　14. 隔測型氣體溫度計　15. 磁羅經　16. 電羅經　17. 航空燈　18. 方向舵角指示器　19. 方向舵　20. 綜合操作指示器　21. 地圖機照明燈　22. 繫留索投下把手　23. 著陸繩投下把手　24. 點火信號　25. 信號鐘　26. 傳令器　27. 擴音器　28. 電話選擇器　29. 風速計　30. 著陸照明燈開關　31. 室內照明燈

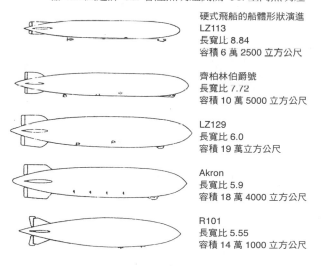

硬式飛船的船體形狀演進
LZ113
長寬比 8.84
容積 6 萬 2500 立方公尺

齊柏林伯爵號
長寬比 7.72
容積 10 萬 5000 立方公尺

LZ129
長寬比 6.0
容積 19 萬立方公尺

Akron
長寬比 5.9
容積 18 萬 4000 立方公尺

R101
長寬比 5.55
容積 14 萬 1000 立方公尺

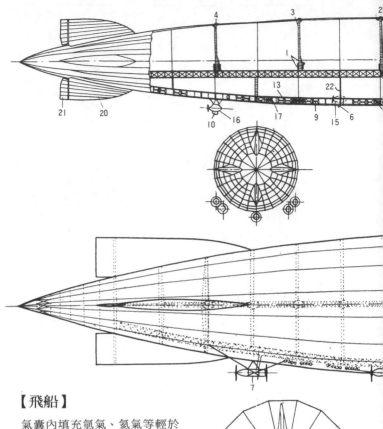

【飛船】

氣囊內填充氫氣、氦氣等輕於空氣的氣體,藉由浮力升空,並利用發動機推進的輕航空器。十九世紀後半,德國與法國皆開始建造軟式飛船,但是在齊柏林研發的硬式飛船(以輕合金素材打造流線型船體骨架的飛行器)問世後,飛船才真正進入實用階段。第一次世界大戰,德、美等國的軍方與民間皆大量建造運用飛船。然而,飛船內填充的氫氣為高度易爆氣體,相當危險。1937年,興登堡號飛安事件爆發之後,大型飛船便遭到棄用。

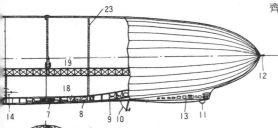

1. 自動氣閥 2. 手動氣閥 3. 內部通氣套筒 4. 內部通氣套筒蓋 5. 燃料槽 6. 燃料泵 7. 潤滑油槽 8. 航空用壓艙物 9. 貨物室 10. 暖房用發電機 11. 緩衝袋 12. 錨碇 13. 乘客兼操縱吊艇 14. 前部側方發動機吊艇 15. 後部側方發動機吊艇 16. 後部發動機吊艇 17. 走廊 18. 乘組員起居室 19. 中軸走廊 20. 安定板 21. 舵 22. 通氣筒 23. 升降筒 24. 燃料氣囊 25. 浮力氣囊

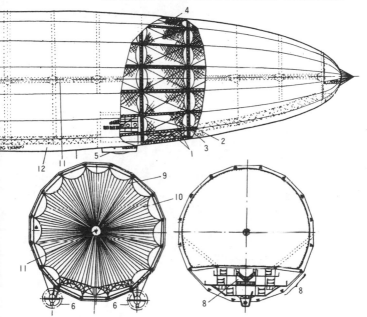

R100 號的構造　1. 水平縱向加強肋 2. 肋骨 3. 剪力線 4. 氣囊 5. 操縱吊艇 6. 側方發動機吊艇 7. 後部發動機吊艇 8. 乘客用大廳、餐廳、寢室等 9. 放射肋材拉索 10. 鬆弛放射索 11. 中軸走廊 12. 走廊

【機翼】

分為固定翼與旋翼。滑翔機等
採用固定翼,利用主固定翼產
生升力;直升機等則採用旋翼。
機翼的剖面形狀(翼形)通常
為前緣圓潤,翼面弧度上翼面
大於下翼面,且後緣較尖銳。
如此一來,當飛機前進時,流
經機翼上方的氣流因為通過的
弧面較大而增速,流經機翼下
方的氣流則因為受到阻擋而減
速,造成機翼上方的靜壓力低,
下方的靜壓力高,形成氣流抬
升機翼。上述壓力的合力就是
升力,即作用於機翼之風壓中
心的垂直分向量。

機翼剖面形的演進

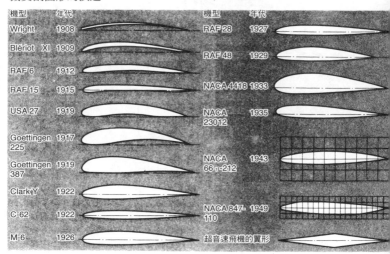

機型	年代		機型	年代
Wright	1908		RAF 28	1927
Blériot XI	1909		RAF 48	1929
RAF 6	1912		NACA 4418	1933
RAF 15	1915			
USA 27	1919		NACA 23012	1935
Goettingen 225	1917			
Goettingen 387	1919		NACA 66₁-212	1943
Clark Y	1922			
C-62	1922		NACA 847-110	1949
M-6	1926		超音速飛機的翼形	

形式		CL 的最大值
無高升力裝置時		1.29
一般襟翼		1.95
開縫式襟翼		1.98
分裂式襟翼		2.16
可移動型開縫式襟翼		2.26
同上		2.32
阜勒氏襟翼（40°）		2.82
同上（40°）		3.09
固定式翼縫		1.77
自動式翼縫		1.84
固定式翼縫與一般襟翼		2.18
固定式翼縫與開縫式襟翼		2.26
自動式翼縫與阜勒氏襟翼		3.36

高升力機翼裝置的種類 CL 為升力係數

可變外形飛機 後退角大的後掠翼在穿音速以上飛行時，可以發揮良好的效果，卻有妨礙起降效率等多項缺點。為此，發展出可令後掠翼自基部支點作前後移動，以改變後掠角的裝置。1965年，美國的 F-11A 便是首架應用後掠角可變裝置的可變外形戰鬥機。

後掠翼 機翼的基準線與機身縱軸的垂直線所形成的夾角稱為後掠角，而擁有後掠角的機翼即稱為後掠翼。在飛行速度接近音速時，後掠翼具有延遲機翼部位產生震波的功效。超音速飛機通常採用後掠角 35 度以上的後掠翼。

襟翼 可使飛機於起降等時機增加升力的代表性裝置。襟翼的類型，除了可令機翼後緣的小翼曲折的後緣襟翼以外，近來為進一步提升升力，更發展出可令機翼前緣曲折的前緣襟翼，以及可合併控制邊界層的吹氣式襟翼。後兩種襟翼也已廣泛採用。

三角翼 平面呈三角形的機翼。由於機翼前緣擁有約 60 度的後掠角有助於保全機翼強度，因此三角翼尤其適合薄型機翼。此外，大失速角的機翼在穿音速下具有風壓中心不會移動等優點。基於上述多項優點，三角翼為相當利於超音速飛機的翼型。

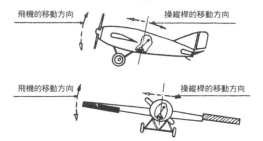

飛機的移動方向　操縱桿的移動方向

飛機的移動方向　操縱桿的移動方向

操控飛機　飛機的縱向穩定
主要藉由水平尾翼與升降舵
控制；單側穩定則與上反角
有關，須藉由副翼控制。綜
合上述操控，飛機得以保持
穩定，以一定的姿勢飛行。
駕駛員可藉由升降舵調整飛
機的攻角，藉由調整發動機
的輸出馬力令飛機上升、下
降或加速前進，藉由方向舵
與副翼改變飛機的飛行方
向。

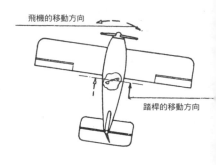

飛機的移動方向

踏桿的移動方向

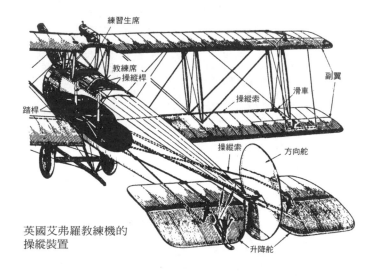

練習生席

教練席
操縱桿

副翼

滑車

操縱索

踏桿

操縱索

方向舵

升降舵

英國艾弗羅教練機的
操縱裝置

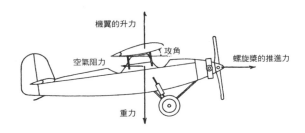

機翼的升力

攻角

空氣阻力

螺旋槳的推進力

重力

飛機的設計原理 由機翼剖面可知，機翼的上翼面弧度大於下翼面。這種設計是為了使機翼對於前進方向可保有一定角度（攻角），使氣流流經機翼時能產生大於水平分量（阻力）的垂直分量（升力）。至於水平飛行中的飛機，其升力與機身重量、其阻力與推進力則各自呈相等局面。當升力大於機身重量時，飛機便可向上飛升。但是，由於阻力會隨升力增加而加大，因此飛機必須連帶增加推進力才能飛升。

升力 在作用位於氣流中的物體的合力中，與氣流方向垂直的分向量稱為升力。較具代表性的升力例如作用在飛機翼的升力。機翼升力大小大約與機翼面積與航速平方成比例關係。因此，速度快的飛機，機翼就會設計得小一些。此外，升力雖然與機翼迎向空氣的攻角約成等比例增加關係，但隨攻角增加至一定角度達到最大值（最大升力係數）之後便會急遽降低，此現象稱為失速現象。

副翼 裝設於飛機主翼後緣的操縱面；利用鉸鏈動作，且左右兩側的副翼互朝反方向運動。飛行員可藉由調降副翼，增加該側機翼的升力，藉由調升副翼方式降低該側機翼的升力，以令飛機做出橫向傾斜動作。某些高性能飛機的副翼也可兼作襟翼。

攻角 流體的流動方向與機翼所形成的夾角，例如飛機翼與氣流的夾角。機翼的升力係數、抗力係數與力矩係數等，舉凡與空氣動力學相關的性能全都以攻角的函數表示。機翼前緣朝上即成正攻角，朝下即成負攻角。

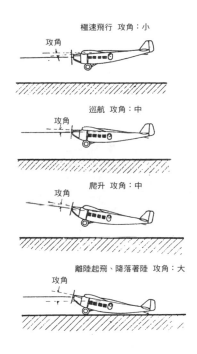

極速飛行 攻角：小

攻角

巡航 攻角：中

攻角

爬升 攻角：中

攻角

離陸起飛、降落著陸 攻角：大

攻角

飛機的結構

1. 螺旋槳 2. 引擎 3. 主翼 4. 上翼 5. 下翼 6. 副翼 7. 線傳飛控 8. 降落張線 9. 翼間支柱 10. 攻角張線 11. 翼外阻力張線 12. 翼內阻力張線 13. 翼內支柱 14. 翼樑 15. 翼肋 16. 假肋 17. 蒙布 18. 機身 19. 駕駛座 20. 操桿 21. 踏板 22. 風擋 23. 機身縱樑 24. 防火牆 25. 操縱繩 26. 柄 27. 檢查窗 28. 垂直安定面 29. 方向舵 30. 水平安定面 31. 升降舵 32. 起落架 33. 鼻輪 34. 減震橡皮 35. 支撐架 36. 尾橇

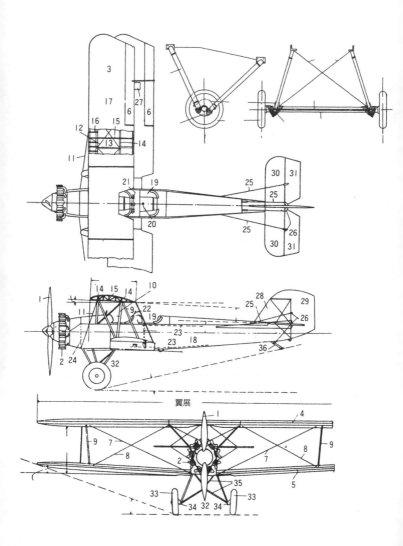

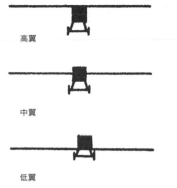

高翼

中翼

低翼

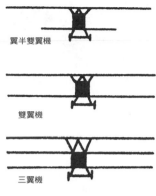

翼半雙翼機

雙翼機

三翼機

垂直尾翼 為穩定方向與操控，在航空器尾部裝設的垂直小翼。垂直尾翼由固定部（垂直安定板）與利用鉸鏈收放的活動式操控面（方向舵）組成，機能如同船舵。近來，航空器在高空與高速度狀態下對方向穩定性的需求更高，同時多引擎飛機在單側發動機停止時，也需保持穩定性等要求之下，垂直尾翼的面積已有增大的趨勢，並且也多傾向在垂直尾翼的前方或機尾下方裝設魚鰭狀安定板。

水平尾翼 為了航空器的縱向穩定性與操控，而在機尾所裝設的小翼。面積大多約為主翼的 20 %。由固定部（水平安定板）與利用鉸鏈收放的活動式操控面（升降舵）組成。駕駛員操控升降舵上升，令負升力作用於水平尾翼，使機尾下降，同時增加主翼的攻角以提高升力，便可令機身上升。此外，在水平飛行中，當機身的縱向姿勢有所變化時，水平尾翼便會產生幫助恢復姿勢的力矩，以達到穩定機身的作用。無需區分水平安定板與升降舵的操控，僅改變整體水平尾翼的角度便可操控者稱為全動水平尾翼。

各國軍機所屬國籍符號

美國

日本

蘇維埃政權

法國

英國

 白色

 洋紅色

 群青色

 蔚藍色

布雷蓋 91 型

都尼爾 Do 27 型

垂直起降 無需借助滑行便可起飛或降落。狹義的垂直起降，係指固定翼航空器如直升機般垂直起降或空中懸停。具備垂直起降能力的航空器稱為垂直起降機——為理想航空器的類型。垂直起降式航空器可分為兩大類，一類搭載噴射引擎，可提供垂直起降所需的垂直推進力。有些搭載噴射引擎的垂直起降機同時備有旋翼。而另一類垂直起降機則是將水平飛行用引擎的推力方向轉 90 度，使之兼具垂直飛行的功用。

維陀 VZ-2

希勒 X-18 型

短程起降 在短距離內起飛或降落。具備短程起降能力，並可視需要垂直起降的飛機稱為短程起降機。相對垂直起降機，由於短程起降機可運用起飛前或降落後的滑行所產生的升力，因此不論在油耗、載客量或載貨量方面均有較佳表現，更為實用。

美軍 XC-142A 型
（中型渦輪螺旋槳機）

萊安 V 2-3 型

霍克・賽德列生產的獵鷹式戰鬥機

秀特 SC I

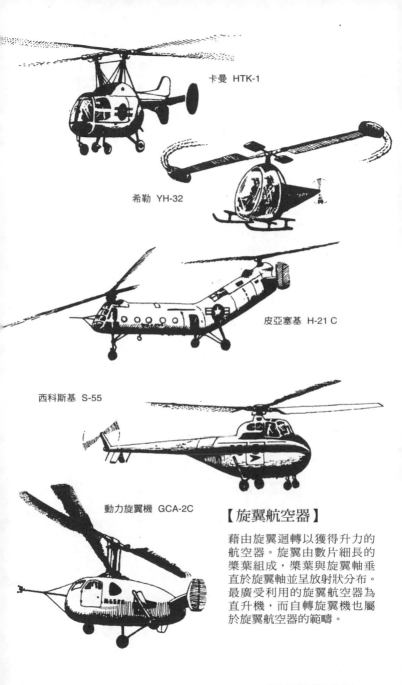

卡曼 HTK-1

希勒 YH-32

皮亞塞基 H-21 C

西科斯基 S-55

動力旋翼機 GCA-2C

【旋翼航空器】

藉由旋翼迴轉以獲得升力的
航空器。旋翼由數片細長的
槳葉組成,槳葉與旋翼軸垂
直於旋翼軸並呈放射狀分布。
最廣受利用的旋翼航空器為
直升機,而自轉旋翼機也屬
於旋翼航空器的範疇。

【直升機】

利用動力迴轉旋翼,並透過旋翼進行垂直或水平飛行的航空器。直升機旋翼的旋轉軸幾乎與機身垂直。雖然直升機的機體結構複雜,不容易整備,卻因能在狹小場所中起降,自由後退、側進、懸停(懸止於空中)等特色,受到軍方與民間廣泛應用在運輸、聯絡等各種用途。自德國福克—阿赫葛利斯公司在 1937 年讓雙旋翼直升機成為實用交通工具以來,美國飛機公司西科斯基的開發也在 1939 年完成單旋翼直升機,為直升機在二次世界大戰後的迅速發展奠定基礎。

直升機的操控方式　直升機通常不具備獨立的推進器,由旋翼槳葉的螺距在迴轉中重複同樣變化,以進行水平飛行。例如藉由「槳葉迴轉至機身前方時,螺距縮短;槳葉迴轉至機身後方時,螺距增長」如此變化,使機身後方的升力增大、槳葉上浮,形成機身前方下傾姿勢,使整體迴旋面向前傾,藉以產生向前的水平分向量,促使機身向前進。其餘如後退、側進或懸停動作,也是藉由相同的原理及方式操作。

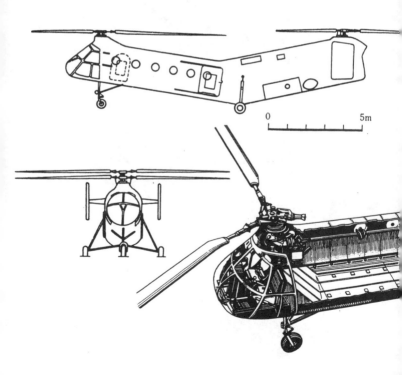

0　　　　　　5m

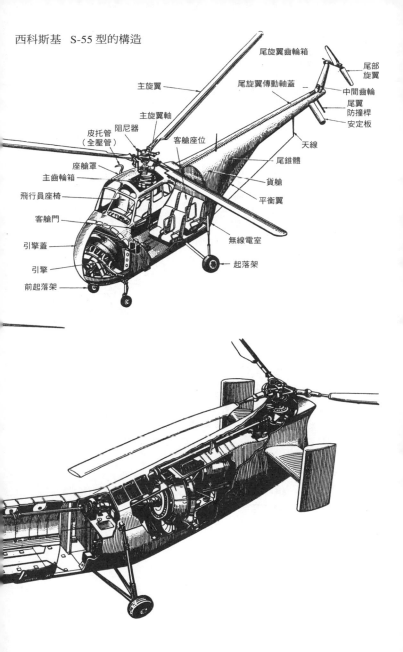

西科斯基　S-55 型的構造

主旋翼

尾旋翼齒輪箱

尾旋翼傳動軸蓋

尾部旋翼

中間齒輪

尾翼防撞桿

安定板

主旋翼軸

阻尼器

皮托管（全壓管）

客艙座位

天線

尾錐體

座艙罩

貨艙

主齒輪箱

平衡翼

飛行員座椅

客艙門

無線電室

引擎蓋

起落架

引擎

前起落架

【滑翔機】

不具備發動機，而以風力與機身重量作為飛行動力。擁有主翼、機身、尾翼等結構，除了木製骨架與布皮以外，也有全金屬結構的滑翔機。在第二次世界大戰中，軍隊為了運輸需要，曾打造數十人座的大型滑翔機。現在，滑翔機幾乎作為運動之用。可分為初級練習用的初級滑翔機、中級練習用的中級滑翔機，與高性能的滑翔機。

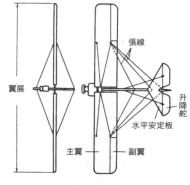

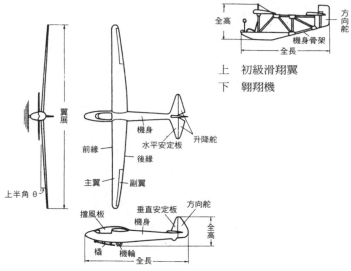

上　初級滑翔翼
下　翱翔機

馬、車、橇

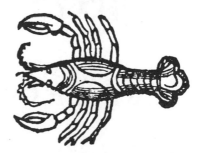

黄道十二星座
巨蟹座

【馬車】

利用馬匹曳引的車子，例如古代的戰車、一般乘用馬車、一般共乘用公共馬車、定期公共馬車、載貨馬車等。在車輪數方面，有二輪馬車，但以四輪馬車較為常見。馬車的馬匹數通常為一至二匹。

馬車的歷史　1. 伊朗埃蘭王國時期的馬車（西元前 2500）　2. 亞述的四馬馬車（西元前 720）　3. 古埃及狩獵用馬車　4. 古希臘戰車　5. 羅馬帝國四輪馬車　6. 羅馬帝國的高盧車　7. 羅馬帝國的雙輪馬車　8. 英國的雙輪馬車（1300）　9. 英國伊莉莎白女王時代的公共馬車　10. 巴黎三匹馬馬車（1650）　11. 英國四輪大馬車　12. 英國的驛馬車（1755）　13. 英國喬治三世御用馬車　14. 美國的寬輪篷車（1755）　15. 美國的驛馬車（1829）

佩脫拉克作品《勝利》
中的插畫

120頁下半部至122及123頁上半部

馬車的種類　1.英國雙輪單駕馬車（1754）　2.雙輪雙座位的出租馬車（1875）　3.輕便的雙輪馬車（1905）　4.美國的雙輪單座馬車（1835）　5.美國四輪帶篷馬車（1824）　6.法國四輪大馬車（1640）　7.英國帶篷馬車（1837）　8.法國雙人座箱型馬車（1770）　9.四輪輕便馬車（1905）　10.法國雙人座四輪馬車（1750）　11.美國單駕四輪馬車（1855）　12.法國雙駕四輪輕型馬車（1700）　13.維多利亞時代（1885）　14.英國的四輪馬車（1760）　15.四輪四座位的大馬車（1965）　16.法國四輪公共馬車（1771）

馬的步伐

圖1 慢步　馬在一般情況下前進的徐緩步伐。四隻腳依序離地，再依離地順序踏步前進。馬若以右前腳跨出第一步，再來會以右前腳、左後腳、左前腳、右後腳的順序邁步前進。慢步以八步為一組完整的步伐。

圖2 快步　同時提起斜對角的前腳與後腳（例如右前腳與左後腳），使身體瞬間騰空，再以另一斜對角的前腳與後腳同時著地；依上述模式同時運動斜對角的前腳與後腳，重複離地與著地動作，一邊騰起軀體一邊向前邁進。速步以四步為一組完整的步伐。

圖3 跑步　一側的前後腳邁步稍落於另一側的前後腳。依邁步較前方的那一隻腳為準，有左跑步或右跑步之分。以右跑步為例，當騰空跳躍的馬要落地時，首先會以左後腳著地，接著以左前腳與右後腳同時著地，最後以右前腳著地；然後再以相同的順序離地，再度騰空跳躍。如以上所述，跑步以四步為一組完整的步伐。

圖中的馬蹄形顯示著地的馬腳。

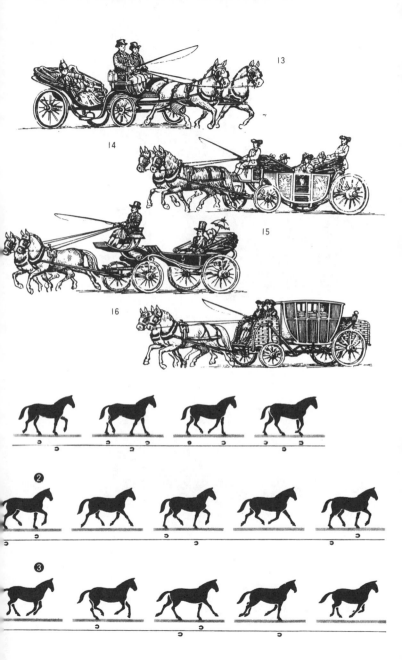

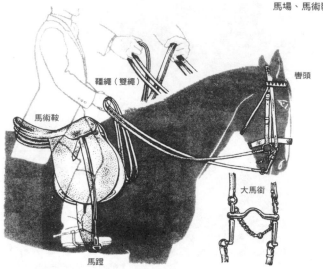

韁繩（雙繩）

轡頭

馬術鞍

大馬銜

馬蹬

馬蹬　騎馬裝備。垂掛於馬鞍的兩側，以供騎士踏腳之用。踩踏的部位形式分為兩種，單純的環狀馬蹬以及可包覆騎士腳尖的杓狀馬蹬。西洋的腳蹬始於羅馬時代，中國則始於漢代。

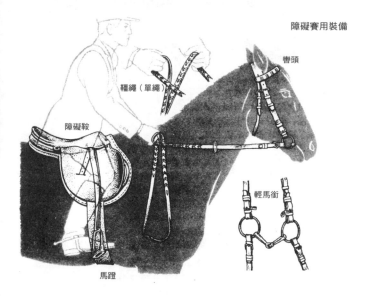

障礙賽用裝備

韁繩（單繩）

轡頭

障礙鞍

輕馬銜

馬蹬

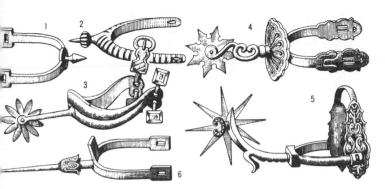

馬刺　1. 希臘時代　2. 法蘭克王國卡洛林
王朝時代　3. 十五世紀德國　4. 十七世紀法
國　5. 十七世紀法國　6. 土耳其。

漢朝的環狀馬蹬

新羅的
環狀馬蹬

波蘭羅茲文化
的腳蹬

斯基泰人的馬鞍　阿爾泰地區
巴澤雷克古墓一號墳中陪葬馬
匹的復原圖。西元前三至西元
前二世紀。

馬鞍　為了騎乘馬匹而放置於馬背
上的騎馬裝備。古代的馬鞍為皮革
製。中亞的斯基泰文化中出現許多
製造精良的馬鞍。

【郵務制度】

將信函或明信片等書信、印刷品等文書或其他小型物品送達全國的制度。世界各國皆以政府獨占方式經營郵遞業務（註：目前已有少數國家改為民營，如台灣）。日本古代便有飛腳與驛傳制度。近代郵務制度形成可追溯至十六世紀，由神聖羅馬帝國的塔克息斯家族世襲承攬郵遞事業而來。至於郵票、郵遞前預繳郵資，以及全國統一的郵資制度，則為英國的羅蘭・希爾（Rowland Hill，譽為近代郵政制度之父）率先發起，1840 年獲英國政府採用，而後迅速普及至世界各國。而萬國郵政聯盟則創立於 1877 年。

越南的郵務士（十八世紀）

郵戳

最早的官方明信片——德國舒華茲（August Schwartz）的明信片。左圖為 1870 年，右圖為 1875 年。

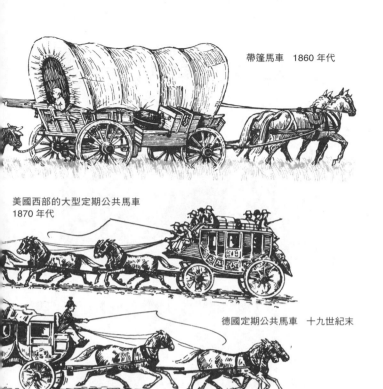

帶篷馬車　1860 年代

美國西部的大型定期公共馬車
1870 年代

德國定期公共馬車　十九世紀末

上圖為法國路易十五世時代
的郵局。

下圖為神聖羅馬帝國皇帝馬
克西米利安使用塔克息斯家
族的郵遞服務。

右頁下圖為古羅馬驛站。勤
務中的郵務馬車與郵務士往
返穿梭於驛站前。

定期公共馬車　行駛於歐洲主要交通道路，且定期往返，以供民眾搭乘或運送貨物、郵件的馬車。十七世紀因產業發達而興起，後傳入美洲大陸，最後因鐵路興盛而廢止。

左圖為埃及的郵務士　西元前 1500 年

德國布蘭登堡的郵務馬車十七世紀

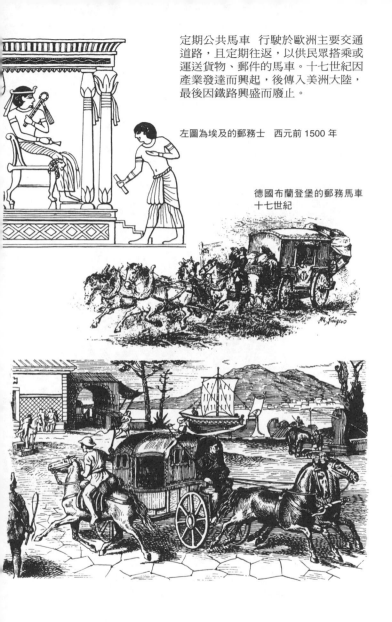

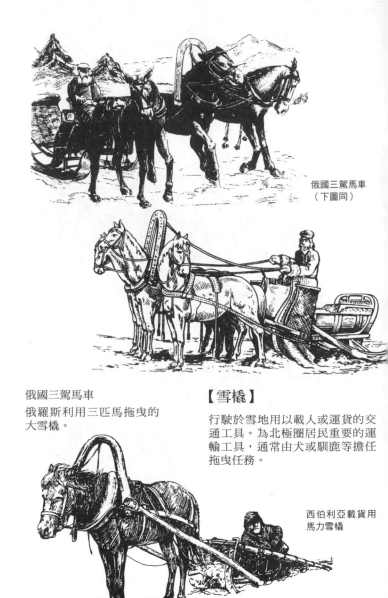

俄國三駕馬車
（下圖同）

俄國三駕馬車
俄羅斯利用三匹馬拖曳的
大雪橇。

【雪橇】

行駛於雪地用以載人或運貨的交
通工具。為北極圈居民重要的運
輸工具，通常由犬或馴鹿等擔任
拖曳任務。

西伯利亞載貨用
馬力雪橇

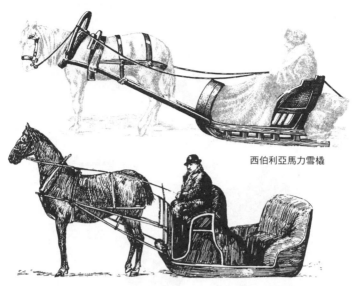

西伯利亞馬力雪橇

西伯利亞載客用馬力雪橇

挪威馬力雪橇

西伯利亞馬力雪橇

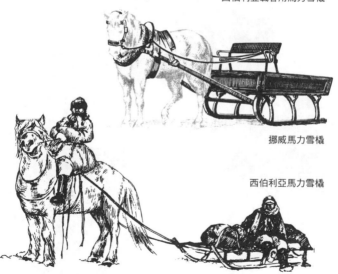

單繩牽引式犬力雪橇

利用馴鹿拖曳的鹿力雪橇

北極圈原住民駕乘的
犬力雪橇

北歐手推式雪橇

北歐神話的滑雪神烏勒爾
（十七世紀拉布蘭人繪畫）

芬蘭手推式雪橇

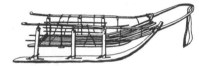

犬力雪橇

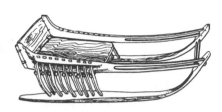

涅涅茨人乘用的馴鹿橇

葉尼塞人的婦女用載貨雪橇

庫頁島犬力雪橇

楚科奇半島的雪橇

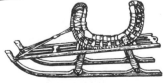

堪察加半島的犬力雪橇

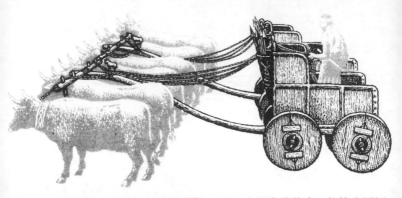

上　依據烏爾王陵出土文物繪製的四輪牛車復原圖。根據推測，該牛車可能是同時動用六頭牛拖曳的雙車箱牛車。

下　中國古代的車。依據中國河南省輝縣古墓馬車坑出土所繪製的二輪車復原圖。屬於中國戰國前期文物。

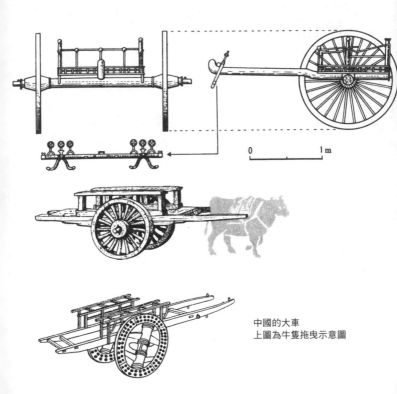

0　　　　　　1 m

中國的大車
上圖為牛隻拖曳示意圖

車的起源與演進假想　（1）最初擷取樹幹作為滾輪。（2）而後為了不使滾輪落後，於是在滾輪上方設置木板，並於木板與滾輪間插入木棒以控制滾輪。（3）而後滾輪與木台進一步結合發展出具有軸心的車。（4）擁有車輪的車問世。

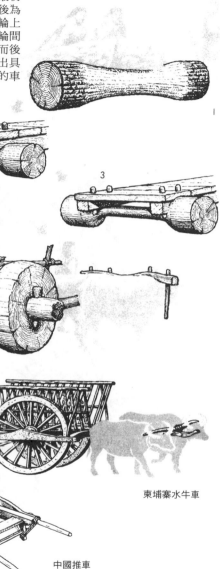

2

3

4

柬埔寨水牛車

中國推車

左上起依序為 1887 年
與 1889 年的競速用自
行車、1889 年的婦人用
自行車、1890 年代的自
行車。

自行車的演進
左頁上起依序為 1818
年、1839 年、1869
年、1879 年。

【自行車】

利用人力踩踏踏板，藉由曲柄等零件
帶動車輪的車輛。一般為雙輪。自行
車源於十八世紀末法國的木馬輪，以
便乘坐者以腳蹬地前行，而後在 1880
年代發展成今日的自行車。1888 年，
車輪內部填充空氣的輪胎問世後，自
行車便迅速發展成為實用產品。

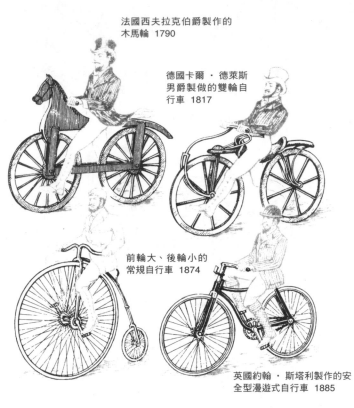

法國西夫拉克伯爵製作的
木馬輪 1790

德國卡爾・德萊斯
男爵製做的雙輪自
行車 1817

前輪大、後輪小的
常規自行車 1874

英國約翰・斯塔利製作的安
全型漫遊式自行車 1885

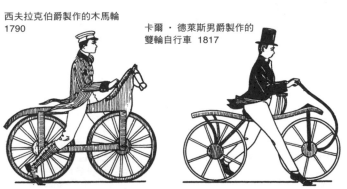

西夫拉克伯爵製作的木馬輪
1790

卡爾・德萊斯男爵製作的
雙輪自行車 1817

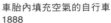

麥克米倫型自行車
1839

車胎內填充空氣的自行車
1888

約翰‧斯塔利的安全
型漫遊式自行車 1885

車胎填內充空氣的自行車
1888

前輪大、後輪小的
常規自行車 1874

麥克米倫型自行車 1839

【蒸汽火車頭】

搭載蒸汽鍋爐,利用鍋爐製造蒸汽驅動引擎
便可前行的機車頭。

史上第一台蒸汽火車頭於 1804 年誕生,
由英國人理查・特里維西克(Richard
Trevithick)發明。具備實用價值的蒸汽火
車頭則是稍後由喬治・史蒂文生所設計創
造。史蒂文生設計的蒸汽火車頭布拉策號號
於 1814 年拖曳貨車成功;1825 年動力號寫
下史上首次蒸汽火車頭應用於公共鐵道的記
錄;1829 年,史蒂文生火箭號則在利物浦
至曼徹斯特區間鐵路開通時舉辦的懸賞競賽
中榮獲冠軍。

史蒂文生火箭號蒸汽火車頭

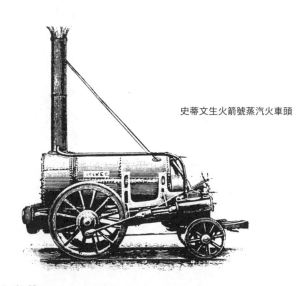

農業、農民

黃道十二星座
獅子座

【農業】

藉由栽培植物、飼養動物經營生產活動，以初級產業為中心。狹義的農業單指植物耕作產業。
人類由原始的食物採集生活進入農耕生活，大約是在新石器時代初期。早期農業以掠奪式農耕方法「火耕」為主，兼事畜牧。灌溉農業極早便出現在尼羅河、底格里斯河與幼發拉底河、印度河，以及黃河等流域。上述各流域發展的作物栽培方式，隨民族遷移流傳至世界各地。犁堪稱為大幅提升農業生產力的劃時代發明。

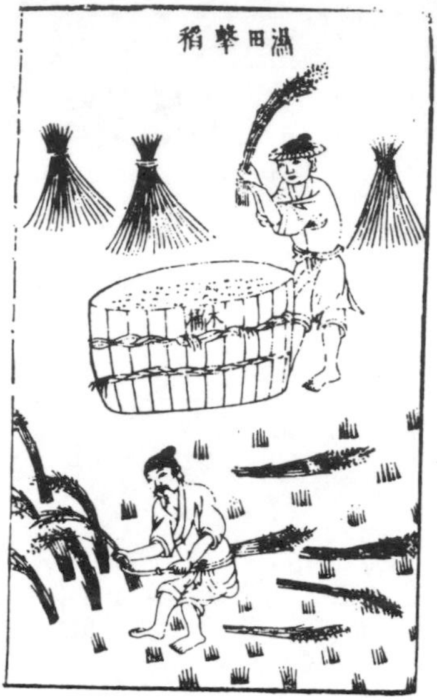

收割稻穗（摘自《天工開物》）

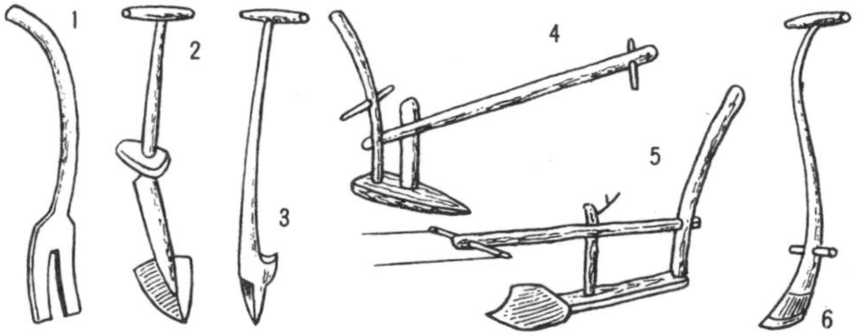

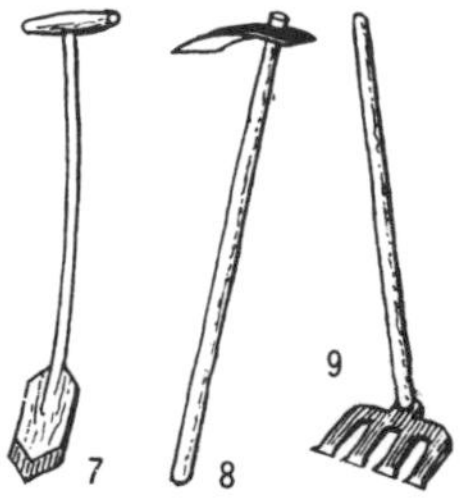

中國農具　1.至9.為耕作工具：1.耒（漢代武梁祠畫像石）　2.耜（朝鮮德積島）　3.長鑱　4.人用的犁　5.有床犁　6.鋒　7.鐵鍬　8.钁　9.鐵搭。10.至17.為破碎用具：10.耰　11.耙　12.耮　13.鐵齒耙　14.爬　15.礰礋 16.磟碡　17.耖

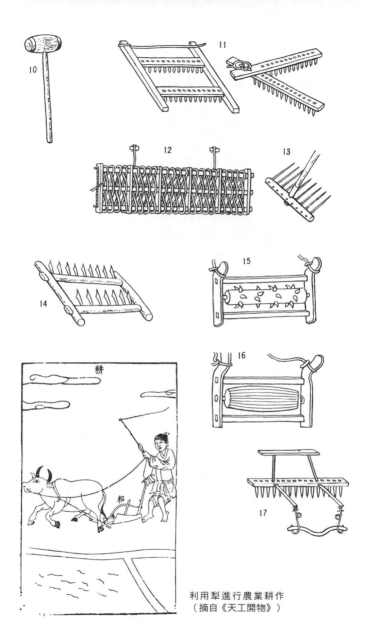

利用犁進行農業耕作
（摘自《天工開物》）

水田 在浸水灌溉的田區栽種水生或適合潮溼環境的作物。狹義的水田指水稻田，廣義的水田泛指蓮花田、慈姑田等。另外，依田土水分管理，水稻田又可分為旱田、溼田與深水田三大類。

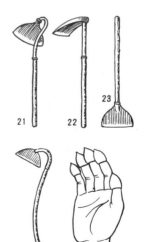

144 | 農業、農民

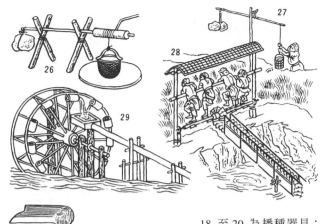

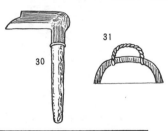

18. 至 20. 為播種器具：
18. 耬犁 19. 砘車 20. 秧
馬 21. 至 25. 為中耕除草
器具：21. 鋤 22. 鎒 23.
錢或鏟 24. 鎛 25. 耘爪

26. 至 29. 為灌溉器具：
26. 轆轤 27. 桔槔 28. 龍
骨車 29. 筒車。30. 至
31. 為收割器具：30. 鐮
31. 銍鎌

左頁上 浸種（摘自《佩文齋耕織圖》）
左頁下 耙（摘自《天工開物》）
左圖 中國明朝筒車（摘自《天工開物》）

【水車】

旋轉水輪好將水的動能、壓力及
位能等轉化為機械動力的裝置。
在世界各地，設有槳葉以承受水
流的水車，自古以來即廣泛運用於
灌溉、磨粉、礦坑排水、鍛冶作
業的送風等用途。

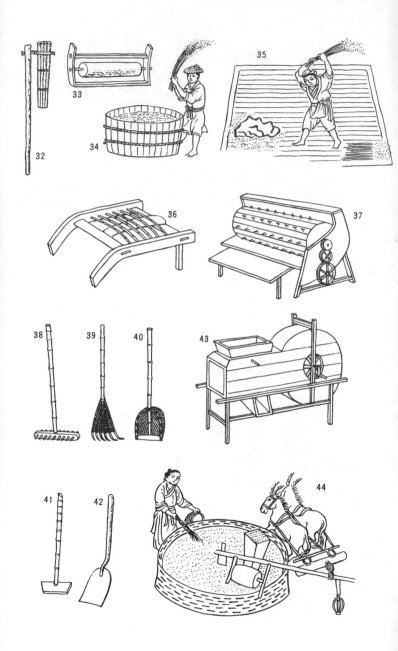

脫穀　收割穀物之後，讓穀粒自莖桿脫離的作業。古代有所謂的打穀台，農民手持稻穗朝打穀台拍打，便可進行脫穀。打穀台而後演變為梳型脫穀機，再來又演進為人力腳踏式脫穀機，最後才成為現代的動力脫穀機。現在普遍使用的是聯合收穫機。過去無論是打穀台、梳型脫穀機或人力腳踏式脫穀機，功能都僅止於脫穀，因此在完成後，農民還需再利用篩子篩穀。

水牛　偶蹄目牛科動物。其中以印度水牛與非洲水牛最為世人所熟知。印度水牛肩高 1.5 至 2 公尺，體種約 650 公斤，體色灰黑，牛頭角呈新月形。東南亞與南歐地區農家廣泛飼養，用以搬運或協助水田耕作的家畜。

利用牛力輾米（摘自《天工開物》）

碾磑

32 至 34 為脫穀用具：32. 連枷 33. 碌碡 34. 稻桶 35. 摜稻簟 36. 稻床 37. 腳踏式軋稻機 38. 穀耙 39. 竹杷 40. 颺籃 41. 杴 42. 枕 43. 扇車 44. 為去殼用具：碾

圖 3、6、8、10、15 至 26、31、32、35、38 至 41、43、44 出自王禎所著的《農書》。圖 4 出自霍梅爾（R. P. Hommel），圖 5 出自陸忠信所繪《地獄圖》，圖 7 出自北魏石棺的孝子圖，圖 27、28 出自《耕織圖》（元朝程棨摹本），圖 33、42 出自清朝的《河工器具圖說》，圖 34 出自《天工開物》

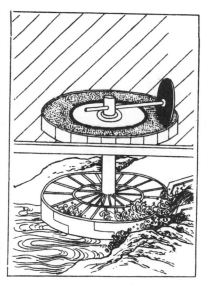

上 西洋的農耕作業情形（摘自《世界圖繪》）

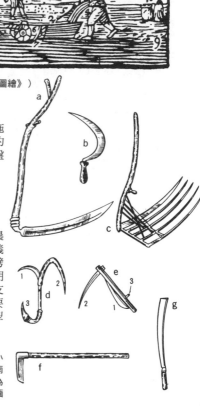

西洋的犁　利用拖拉機或畜力拖曳，將土壤耕起、翻轉或破碎的農具。依構造可分為板犁與圓盤犁兩大類。

犁　利用畜力拖曳來耕耘的農具。一般指東洋使用的犁，廣義的犁則包括西洋的犁。將土壤劈開並向上帶起的犁刀、將土壤朝側邊翻轉或破碎的刮勺，以及支撐整支犁的犁底，為犁田的主要構成。犁底上端附把手，即犁身。

世界各地的鐮刀　a. 長柄大鐮刀　b. 小鐮刀　c. 配集禾架的大鐮刀　d.、e. 中南半島割穗用特殊鐮刀（1. 為刃部，2. 為集禾部，3. 為把手）　f. 中國鐮刀　g. 緬甸割草鐮刀

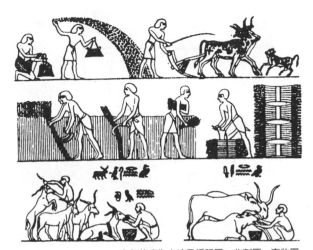

上起依序為古埃及播種圖、收割圖、畜牧圖

西洋農具

1. 2. 利用鹿角製作的犁　3. 古埃及犁
4. 5. 古希臘犁　6. 7. 英國犁　8. 英國
配車輪的犁

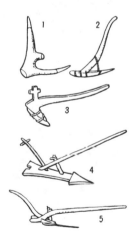

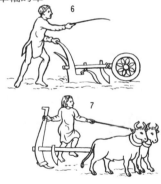

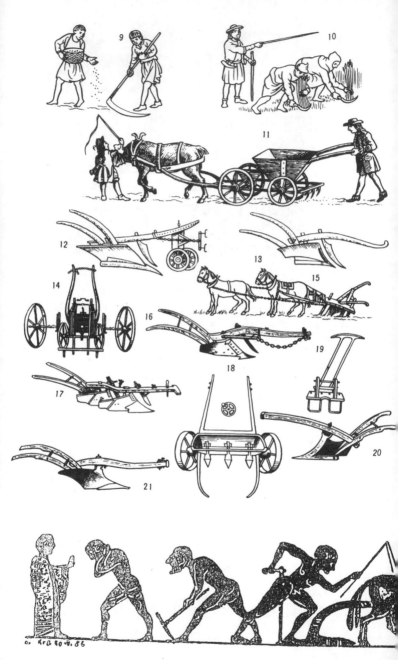

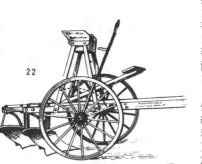

9. 鐮刀　10. 收割稻穗用的小鐮刀
11. 播種施肥機（十八世紀）　12.
有輪犁（十七世紀）　13. 無輪犁
14. 英國傑斯羅・圖爾發明的小
麥播種機（十八世紀）　15. 圖
爾發明的耕耘機（十八世紀）
16. 英國詹姆斯・史摩設計的犁
（十八世紀）　17. 美國紐澤西
州薩默維爾市的群犁（十八世
紀）　18. 英國諾福克郡使用的耕
耘機（十八世紀）　19. 英國諾福
克郡使用的條播機（十八世紀）
20. 查爾斯・紐柏德推廣的鑄鐵
犁（十九世紀，美國）　21. 圖爾
設計犁（十九世
紀，美國）　22.
美國首台乘坐式
犁（十九世紀）
23. 美國初期發明
的圓盤犁（十九
世紀）　24. 美國
賽勒斯・霍爾・
麥考密克發明的
收割機。（十九
世紀）

希臘的田園生活（接 152 頁）

葡萄酒釀造情景（摘自《世界圖繪》）

【葡萄酒】

以葡萄釀造的酒，堪稱水果酒中的代表酒種。早在人類歷史出現文字記載以前，葡萄原產地，即小亞細亞至中亞一帶的居民已經懂得利用自然發酵法釀造葡萄酒。而後自然發酵釀酒技術經由希臘、羅馬傳入歐洲並廣為流傳。品質優良的葡萄酒需以糖分含量高的葡萄為原料，生長條件為高溫乾燥的地理環境，因此歐洲的葡萄酒釀造業以法國、西班牙、義大利三國最發達。

【啤酒】

以麥芽為主原料發酵釀製,且含二氧化碳的酒精飲料。又稱為麥酒。根據史料記載,古巴比倫人與古埃及人已有飲用啤酒的習慣。

中世紀德國啤酒釀造過程
(十六世紀版畫)

上 向山神進貢啤酒(古巴比倫)
左 古希臘娼婦飲酒圖

上 古埃及奴隸奉啤酒給主人
下 希臘的農耕生活與運送酒醰的驢子

鋤頭　鬆土、耕耘或除草用的手持農具。鋤頭的刃部形狀依用途而有各式變化。

鋤頭的種類　a. 一般鋤頭　b. 板鋤　c. 耘鋤　d. 鋤草耙　f. 雙尖端耙　g. 三角鋤

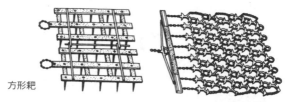

方形耙

鏈耙

耙　鬆土、覆土、攪拌、整平或除草等開墾或整地使用的農具。裝設於曳引機後方，以役畜曳引犁耕。耙的主要類型有圓盤耙與齒桿耙。圓盤耙配備數片可旋轉的圓板刃，功能為切開、破碎、攪拌土壤。齒桿耙配備多支齒桿，功能為碎裂或整平土壤。耙的其他類型包括專為崎嶇地面進行鬆土或覆土作業所設計的鏈耙，或是整平作業專用的板耙。

板耙

圓盤耙

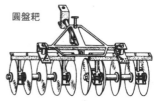

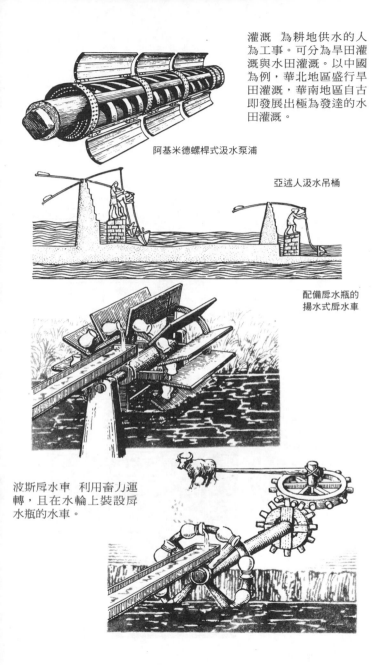

灌溉 為耕地供水的人為工事。可分為旱田灌溉與水田灌溉。以中國為例，華北地區盛行旱田灌溉，華南地區自古即發展出極為發達的水田灌溉。

阿基米德螺桿式汲水泵浦

亞述人汲水吊桶

配備戽水瓶的揚水式戽水車

波斯戽水車 利用畜力運轉，且在水輪上裝設戽水瓶的水車。

古羅馬人建造的水車磨坊復原圖。水車寬幅 70 公分，直徑 220 公分。位於法國亞爾附近，建於二世紀後半葉。

右頁上　古埃及製粉圖。摘自底比斯古城內的法老陵墓壁畫。製粉順序為 1 至 4。

a. 臼　b. 杵　c. 搗好的粉末　d. 盛裝穀粒的容器　e. 篩子　f. 穀粒

中　古羅馬時代使役奴隸與驢子磨粉的情景

下　水碓（摘自王禎《農器圖譜》）

磨粉機　碾碎穀類且精研成粉末的機械。主要指研磨小麥用的磨粉機。整台磨粉機主要由粉碎研磨部與篩部構成。粉碎研磨部可分為研缽式、圓錐鋼研缽式、衝擊式、輥磨式等。古代或早期磨粉機的動力主要依賴畜力、人力、風力（風車）或水力（水車）等。

古羅馬建築師馬爾庫斯‧維特魯威‧波利奧（Marcus Vitruvius Pollio）設計的水車磨坊

【風車】

在塔上架設風輪，並在風輪上裝設輪葉，利用輪葉迎風驅動風輪。風車源於東方，中世紀時傳入歐洲，提供磨粉或抽水等用途。

左頁 1. 位於克里特海與愛琴海沿海地區，至今仍在使用的舊式塔式風車。將三角帆展開至符合需求的面積，迎風轉動便可驅動圓錐形塔頂。 2. 歷史最悠久的水平軸式風車。在圓形屋頂下裝設粗布帆翼的塔式風車。圖為法國數學家雅克 · 貝松（Jacques Besson）1569 年所繪。 3. 研磨穀物用的塔式風車。在翼棒之間張設布質帆翼，設有尾柱，並配備方便轉動尾柱的可攜式起重機。圖為義大利工程師阿戈斯蒂諾 · 拉梅利（Agostino Ramelli）繪於 1588 年。 4. 十八世紀初荷蘭風力抽水車復原圖。支撐帆翼的塔頂藉由滾動軸承支撐。 5. 以圓形塔頂為基座的箱型翼樑式風車。風車後方設有樓梯，樓梯上搭建自動尾翼。英國家埃德蒙德 · 李（Edmund Lee）在 1745 年獲得自動尾翼專利，此發明讓風車隨時皆能自動迎風。 6. 1860 年，英國薩福克郡黑弗里爾鎮磨坊的塔式風車，最早擁有圓形翼輪，也是美國風車驅動泵的先驅。該具圓形翼輪直徑約 15 公尺，使用類似埃德蒙德 · 李發明的可開閉翼板。

螺槳式風車

風車驅動的礦山用通風機（摘自《論礦冶》）

羅麪

橫撞

麥粉篩（摘自《天工開物》）

《天工開物》　明朝末期宋應星的著作，內容記載多項產業技術，1637年出版。全書共分十八卷，內容包含農業等各項生產技術，附有豐富的解說圖片。此書宗旨為提供知識階級工藝技術知識，而非技術指導。日本江戶時代即出現此書的日文譯本，且多位當代日本學者皆作為參考，對日本的知識啟蒙可謂影響深遠。

服裝的歷史與民俗服飾

黃道十二宮
處女座

世界各地的民俗服飾

歐洲各民族的傳統民俗服飾，曾在中世紀至近代初期風行一時，如今已成為壓箱寶，只有在婚喪喜慶等特別節日才會亮相。目前也僅剩少數幾個民族還以傳統服飾作為日常衣著。

南歐的義大利傳統民俗服飾，以威尼斯的頭飾和面紗，以及北部城市薩薩里的蕾絲頭飾最具特色。西西里島或義大利南方的卡布里島上各島民族，則喜歡以色彩鮮豔的服飾，襯托陽光耀眼、海水湛藍的地中海風景。圖1、2為西西里島的男女服飾。

西班牙素有民族服飾花園的美譽，國內民族服飾逾五十種，以男性服飾的變化最為豐富。男性服飾以外套、帶穗腰纏等為基本款，女性則習慣以大型頭飾裝飾後腦杓高處，再於頭飾上方覆上連披肩式頭紗。此外，大型披肩或刺繡圖樣的圍裙也是西班牙傳統女性服飾的特色。圖3、4為西班牙瓦倫西亞地方的傳統民俗服飾。

至於西班牙的鄰國葡萄牙，傳統男性服飾流行白襯衫搭褲裙（半長褲）搭背心，但如圖6般讓人聯想到海盜的全身格紋裝扮也很常見。西班牙女性則穿著厚重膨鬆的裙子，腰間繫上大圍裙，搭配後方有絲巾垂墜的寬緣帽子，如圖5。

燈籠褲

【褲裝】

中亞或東方自古即有長褲型式的服裝。歐洲服裝自中世紀起才有男女之別。男性自中世紀開始穿著由腳尖包覆至腰圍的布質合身褲襪；十六至十七世紀期間穿著由腰部包覆至大腿的膨鬆及膝褲；十七世紀末左右穿著半長褲裙；十九世紀初期再度流行長褲管；直至十九世紀末，褲子的流行樣式才演變為今日的模樣。至於女性穿著長褲，則是從十九世紀後才開始。

燈籠褲 在膝蓋下方收束的休閒長褲，於高爾夫球、滑雪等運動場合穿著。燈籠褲（Knicherbokers）源自華盛頓·歐文（Washington Irving）於其著作《紐約歷史》中所使用的筆名Diedrich Knickerbocker。

褲裙 長度大約及膝的貼身褲子，為十七世紀末至十八世紀期間的西歐男性穿著。西歐婦女則以喇叭褲型褲裙作為內褲。

左起依序為十六世紀、十七世紀、十八世紀的褲裙

北非民族為了遮陽防沙，習慣以純白衣物披覆全身。此外，基於伊斯蘭教規，伊斯蘭教女性外出時必須以面紗遮面，只能露出眼睛。北非男性則習慣纏頭巾，做典型的阿拉伯裝扮。圖7、8為埃及傳統日常服飾。圖9、10為阿爾及利亞傳統日常服飾，當地女性流行穿著寬大飄搖的哈倫裙。圖11、12為摩洛哥的傳統服飾。由於摩洛哥地處山岳地帶，夜間氣溫較低，因此男女皆穿著連帽斗篷。

再回到歐洲。荷蘭的傳統民俗服飾洋溢著鄉間風情。圖13、14為荷蘭瓦爾赫倫島的民俗服飾。島上女性的典型裝扮為頭戴俗稱荷蘭帽的白色三角帽，腰間繫上大紅色圍裙，腳履木鞋，此外也習慣以美麗的胸兜搭配褶裙。該

島上男性的上半身通常為背心加外套，下半身穿著及膝褲，頭戴絲質大禮帽。

圖15、16為荷蘭的鄰國，比利時中部布拉班特地方的民俗服飾。比利時北部的民俗服飾與荷蘭相似，南部的民俗服飾則與法國相似。

圖17、18為法國阿爾薩斯與洛林兩地的傳統民俗服飾。法國洛林地方的女性習慣配戴罩帽，搭配美麗刺繡圖樣裝飾的圍巾。阿爾薩斯地方的女性則喜愛配戴黑色蝴蝶結大髮飾，不列塔尼地方的女性則喜愛配戴白色蕾絲髮飾，身著黑底鑲金刺繡洋裝，腰繫白色圍裙。而法國巴斯克地區的貝雷帽就是現代貝雷帽的原型。

右頁　袖口的剪裁
上排左起依序為：偽袖口、條形袖口、翼形袖口、圓裁式袖口
下排左起依序為：折雙式袖口、翻袖式袖口

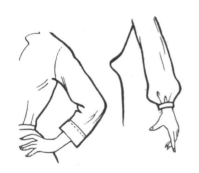

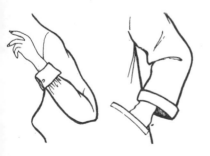

袖口　防污並兼具裝飾用途的
部位。部分袖口為可拆式。不
反折的袖口稱為單一式袖口，
反折後成雙層者稱為雙層式袖
口，先端拉尖者稱為翼形袖
口，圓形剪裁者稱為圓裁袖
口。折雙式袖口通常會搭配金
屬或寶石袖扣。

北歐盛行刺繡、毛線編織等工藝，這些工藝也常應用於北歐服飾。圖 19、20 為瑞典斯堪地納維亞的傳統民俗服飾——男性穿著及膝褲搭配毛織襯衫與皮背心；女性穿著寬鬆長裙搭配圍裙，頭戴蕾絲飾帽或佩用美麗髮飾。圖 21、22 為挪威西部的傳統民俗服飾。挪威的傳統民俗服飾與瑞典類似。圖 23、24 為瑞士阿彭策爾地區的傳統民俗服飾——女性穿著衣袖長度至手肘的寬版短衫；男性穿著白麻衫搭配外套或背心，下半身穿著及膝褲，頭戴寬邊帽。奧地利的傳統民俗服飾與德國大致相同。圖 25、26 為下奧地利的傳統民俗服飾。

裙子 左上起依序為：窄裙、罩裙與開叉裙

右頁左起依序為：多片裙、抵腰裙、百褶裙、波浪裙

23　　　　24　　　　25　　　　26

【裙子】

中世紀後，裙子才演變出不同形
式。隨著剪裁方法進步，裙子也
朝大型化發展。十六世紀的仕女
流行在襯裙內加裝裙撐圈，十八
世紀，隨著洛可可風襲捲時尚
界，裙撐圈的形式也變得極為誇

張。十九世紀初期，裙子的設計
走向強調纖細體態的帝政風格。
十九世紀中葉，流行裙身寬敞的
硬襯裡裙。十九世紀末，潮流再
度轉變，流行將多餘布料整個抓
到腰後強調翹臀。二十世紀後，
則崇尚自然風格。迷你裙是第一
次世界大戰後才問世的款式。

27 28 29 30 31

圖27、28為德國中部山岳地帶居民的民俗服飾——男性穿著大量縫綴金鈕扣的外套，頭戴蒂羅爾帽或絲質大禮帽；女性穿著喇叭裙，搭配圍裙。

東歐民俗服飾的主要特色為男女皆穿著長筒皮靴。此外，為波蘭、捷克、斯洛伐克與俄羅斯等國家的民俗服飾在設計上的共同訴求為注重保暖。圖29、30為波蘭華沙地區的民俗服飾：男性穿著無領外套，女性穿著雙層毛織裙。華沙女性服飾特色為大量採用蕾絲裝飾領口、衣袖或圍裙。圖31、32為捷克的民俗服飾。圖33、34為匈牙利民俗服飾，男性穿著白襯衫搭配背心，肩披斗篷，下半身穿著緊身褲；女性穿著白色寬鬆罩衫，搭配貼身的防寒背心，下半身穿著寬鬆的裙子搭配大圍裙，這也是歐洲基本的傳統服飾。圖35、36為中世紀羅馬尼亞的特蘭西瓦尼亞地區民俗服飾：男性上半身穿著刺繡上衣，下半身穿著緊身褲，腰間繫華麗腰帶；女性穿著同樣以刺繡點綴的寬鬆罩衫。

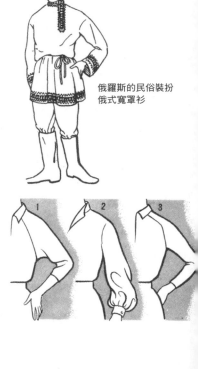

俄羅斯的民俗裝扮
俄式寬罩衫

衣袖　直至古羅馬帝國末期，才
發展出衣袖。中世紀之後，在
衣袖的設計上開始展現各種巧
思。現代的衣袖可依長度分為
五分袖、七分袖與長袖等。另
外，也可依款式分為袖山較低
的襯衫袖、上衣身與袖子採連
續剪裁的法式衣袖（和服袖）、
袖口深且寬的多爾門袖、領口
至腋下呈斜線剪接的連肩袖、
利用抓皺等作法使肩頭或袖口
澎起的澎澎袖等。

衣袖　1. 連肩袖，又稱斜肩袖　2.
泡泡袖　3. 肩章連袖　4. 蓋肩袖　5.
楔形袖 6. 斗蓬式衣袖　7. 推高袖
8. 和服袖

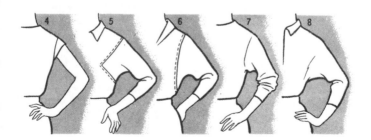

37　　　　　38　39　　　　　40

英國的民俗服飾雖然樸素，卻展現沉著穩重的氣質。圖37、38為英格蘭北部山區的民俗服飾。頭戴小帽、肩披披肩、腰繫圍裙，就是當地女性的典型裝扮；男性穿著式樣宛如禮服的條紋褲，至今依然。圖39、40為蘇格蘭地區的民俗服飾。女性全身披著長披巾，男性穿著著名的蘇格蘭短裙。蘇格蘭短裙慣用蘇格蘭格紋，格紋的配色與樣式代表穿著者的家世或出身地。

美國的建國歷史較短，尚無既定形式的民俗服飾。不過，在美國西部、加拿大、墨西哥等國牧場騎馬工作的牛仔，其穿著打扮也可視為美國民俗服裝的一種。帽簷寬並向上翻捲、帽身柔軟且內凹的牛仔帽，就是大眾所熟知的牛仔服飾。此外，美國的原住民，印第安民族，也有各式各樣的民俗服飾，其中以披風外套最為常見，即大塊毛毯中央處開設領口，多餘布料則垂墜在前方或後方。圖41、42為堪薩斯地方的印第安民俗服飾。無論男女上半身皆穿著毛織服飾或鹿皮披風外套；男性下半身穿著緊身褲，女性下半身穿著纏腰式裙子；腳履俗稱莫卡辛鞋的單片鹿皮製軟鞋。

拉丁美洲的民俗服飾沿襲印加與馬雅文明，屬於印第安民族服飾，且融入殖民國家西班牙或葡萄牙的民俗服飾風格。圖43、44為墨西哥的民俗服飾。墨西哥女性的穿著至今仍保留著阿茲特克文明的衣著樣式。圖45、46為智利的民俗服飾。智利女性的穿著至今仍然沿襲馬雅文明的衣著樣式。圖47、48為哥倫比亞北部民俗服飾。南美洲的印第安民族的民俗服飾，無論男女皆穿著披風外套或大披肩，材質為羊駝毛，且多飾有鮮豔的刺繡圖案。

流行於西班牙、南美、墨西哥等地，
帽冠高聳、寬帽簷的帽子，俗稱墨西
哥帽。材質有麥桿編織或毛呢兩種。

49　　　　　50　　　　　51　　　　　　　　52

東洋的民俗服飾主要有三大類
型，其中以前開襟式寬鬆長袍最
具代表性，此外也有圍裹式服飾
與纏腰式服飾。東洋民俗服飾的
細部形式因地而異，如果與西洋
服飾相比，則有結構開放、形式
單純、性別差異較少等特色。以
地處東南亞的菲律賓為例，宛如
蟬翼的寬薄短衫（音譯卡米紗
衫），即為纏腰衣的基本形式，
或為纏腰式與圍裹式服飾的融合
形式。纏腰式服飾在東南亞各地
有不同的稱呼，印尼與馬來半島
稱為紗籠，緬甸稱之為籠基，泰
國稱之為哈新，但皆為配色鮮豔
的棉紗質地服飾，且男女皆可穿
著。圖49、50為爪哇的日常穿
著。圖51、52為緬甸的民俗服
飾。女性穿著日常服飾，男性穿
著黃色僧服。緬甸女性多穿著白
色上衣以襯托腰布的艷麗色彩。

1910年代的耳環

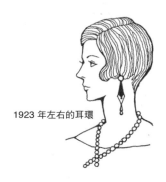

1923年左右的耳環

古埃及耳環

古巴比倫、亞述耳環
左為銀耳環，右為寶石耳環

古希臘耳環

羅馬時代

十六世紀

十七世紀

十八世紀

十九世紀初

【耳環】

耳環等耳部裝飾最早可追溯至史前時代。最初需穿耳洞配戴，近代才出現以螺絲或夾子固定的夾式耳環。可分為貼耳式或垂墜式兩大類。

西亞至東亞的中國、朝鮮以至日本地區的傳統民俗服飾皆以前開襟為主流。前開襟服飾的發展尤以日本和服最為特殊。圖53、54為朝鮮傳統禮服。男性穿著寬版長袍（稱為周衣）；女性穿著短上衣（稱為襦）搭配長裙（稱為裳）。朝鮮禮服下需穿著內褲形式的袴或寬鬆袋狀褲與內衣，不過上述衣褲也可單獨作為夏季的日常衣著。圖55、56為清朝的民俗服飾。男性為日常裝扮，女性為禮服裝扮。圖57、58為俄羅斯帝政時期的民俗服飾。男性穿著俄式寬鬆長袖衫搭配長褲與長靴，頭戴毛帽；女性穿著褶裙，搭配圍裙與頭巾。俄羅斯與中國皆為多民族國家，境內可見多種民族服飾。圖59、60為西藏禮服，形式融合中國風與西洋風。

腰帶 1. 古希臘罩衫的腰帶 2. 古希臘北方居民用以固定裙子的腰帶 3. 附青銅扣環的腰帶（中間突起物據推測為護身用途） 4. 古羅馬罩衫的垂墜式腰帶 5. 十四世紀的無袖長袍流行搭配金屬板與寶石腰帶 6. 十四世紀歐洲男子常在上衣外的臀部位置繫上腰帶 7. 十五世紀的腰帶位置已向上調整 8. 十六世紀的西班牙腰帶 9. 十九世紀的褲裝已習慣搭配腰帶。圖為附金屬扣環的皮革腰帶 10. 法國輕騎兵的厚布腰帶

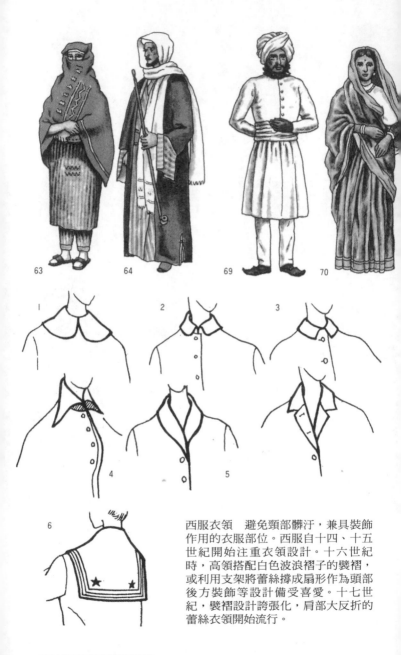

西服衣領　避免頸部髒汙，兼具裝飾
作用的衣服部位。西服自十四、十五
世紀開始注重衣領設計。十六世紀
時，高領搭配白色波浪褶子的襞褶，
或利用支架將蕾絲撐成扇形作為頭部
後方裝飾等設計備受喜愛。十七世
紀，襞褶設計誇張化，肩部大反折的
蕾絲衣領開始流行。

65　66　67　68

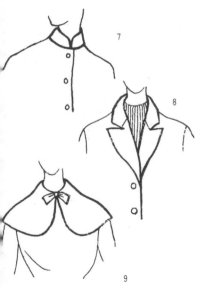

7

8

9

在北非至南亞一帶、以西亞為中心的伊斯蘭地區，教徒身著寬鬆前開襟式長袍，頭部或臉部披覆或纏繞具有防沙及避暑效果的面罩、面紗、頭巾、披肩或無邊圓帽。圖61、62為敘利亞上流社會裝扮。女性上著寬鬆長袍，下著寬鬆的伊斯蘭式女裙。圖63、64為阿拉伯民俗服飾。圖65、66為巴勒斯坦禮服。圖67、68為土耳其上流社會日常裝扮。上述國家的民俗服飾，共通特色為寬鬆袍服。

圖69、70為印度上層階級的日常裝扮。圖70的印度女性所穿著的圍裹式服飾稱為莎麗。印度男性雖然也穿著圍裹式服飾，但以圖69所示襯衫式短版寬袍搭配莎麗為普遍的男性裝扮。

衣領　1. 平貼領　2. 翻領　3. 開閉兩用翻領，又稱國民領。下圖為開啟式樣　4. 翼狀領　5. 圍巾領，又稱新月領　6. 海軍領　7. 立領　8. 西裝領　9. 披風領

服裝的歷史

西洋服裝史猶如一座花園。古埃及服飾充滿神祕感；古希臘羅馬服飾散發優雅氣質；日耳曼服飾講究實際；中古世紀貴族服飾極盡奢華；十九世紀以後的近代服飾重視機能，講究各種專利設計。

圖1、2為西元前1500年代古埃及國王與王后裝扮；頭冠與腰飾為身分地位的象徵。圖3為穿著纏腰布的古埃及庶民女性裝束。古埃及服裝結合纏腰式與圍裹式衣物，服裝本身並無太多變化，而是以豐富多元的飾品作為裝飾。

相對的，西亞服飾則因頻繁的民族交流而富有變化。圖4為亞述帝國（西元前八世紀至前七世紀）的庶民女性服飾——披肩搭配裙子。圖5為亞述貴族的圍裹式服飾。圖6為不著披肩的亞述民女裝扮。圖7為穿著流蘇飾貫頭衣的亞述富商裝扮。

圖8為自克里特島遺址出土的愛琴文明的服裝。當考古學家挖掘出如此接近近代服裝的文物無不驚嘆：愛琴女人和巴黎女人竟如此相像！古希臘罩衫為一條布構成的貫頭衣，可營造出猶如雕刻般優美的皺褶。

西亞的古代衣著

在杜爾舍魯金（今伊拉克境內）出土的亞述帝國薩貢二世宮殿浮雕摹本（西元前八世紀）。

5 　 6 　 7 　 8

古埃及

古希臘

古羅馬

十六世紀的戒指，
下為驅魔戒指

【戒指】

裝飾身體的配件。從古埃及開始就有金戒、青銅戒、陶戒等多種材質製成的戒指。古埃及人尤其喜歡在戒指上雕刻聖甲蟲圖樣，作為護身戒佩戴。兩手大量佩戴戒指的習慣最早可追溯至古埃及與古羅馬，當時也在戒指上雕刻記號或具有象徵意義的圖形作為認證。例如國王御賜戒指供使者攜帶，以資昭信。基督教也在敘任儀式授與修道僧侶戒指。訂婚戒指源自古羅馬習俗，結婚戒指則是之後才衍生出來的信物。自十一世紀起，教會發展出藉由戒指祝福新人的儀式。戒指也有其他形式或用途，如在戒指上銘刻詩文作為定情戒指、經加工處理附帶毒針的毒戒指等。

【古羅馬長外袍】

古羅馬人在罩衫外穿著的日常衣著。
起初是男女通用的外袍,而後演變為
男性公民專用。長外袍的形狀與尺
寸,初期為弓形或半圓形,長度為身
高的三倍長,而後發展成長 6 公尺、
寬 2 公尺的固定尺寸,之後又逐漸縮
小尺寸,至七、八世紀時遭到淘汰。
隨穿著者的身分地位而有不同的顏色
或裝飾配件,種類繁多。

古羅馬罩衫

羅馬長外袍的穿法　以華麗式雙層穿法為例。1. 將約身高三倍長的圓布對半折成半圓形　2. 將其中一端披掛於左肩，並於身體左前方保留稍微超出身高的布料　3. 將左肩後方的布料穿出右腋　4. 將右側的剩餘布料披上左肩，垂墜於左肩後　5. 將最初垂墜在左胸前的布料稍微拉出，並調整出適當的垂墜感。

古羅馬罩衫

圖 9、11 為訴求實穿的古希臘
多利克式長罩衫。圖 10 為優雅
的古希臘愛奧尼亞式長罩衫。
圖 12 為古希臘青年男子穿著的
多利克式短罩衫。圖 13、14 為
古羅馬市民的象徵——古羅馬
長外袍（圖為以大塊布料披掛
數層的穿法）。圖 15 為古希臘
女性在愛奧尼亞式長罩衫外搭
配披肩的裝扮。

下 仿長蛇繞腕樣式的手環

戒指 1. 古埃及聖甲蟲圖雕戒
指 2. 希臘戒指 3. 伊特魯利亞
戒指 4. 羅馬附鑰戒指 5. 西元
1600 年代的德國婚戒 6. 十七
世紀的俄羅斯戒指

亞述披肩

左　西元前四世紀古希臘女子穿著的披袍
右　西元前三世紀古希臘男子穿著的披袍

各種鈕扣 1. 合成樹脂鈕扣 2. 金屬
鈕扣 3. 學生制服用金屬鈕扣 4. 襯
衫鈕扣 5. 貝殼鈕扣 6. 玻璃鈕扣
7. 竹鈕扣 8. 布鈕扣 9. 皮鈕扣

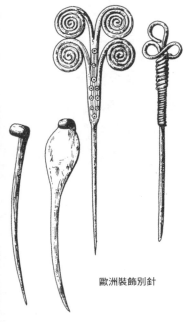

歐洲裝飾別針

圖16、17為日耳曼民族所穿著的兩件式合身服飾——男著褲裝，女著裙裝。如此男女有別的款式不但影響了中古世紀的服飾設計，之後更成為西歐男女服裝的基本款式。圖16日耳曼女性頸部配戴青銅飾品。圖18為羅馬帝國滅亡前，隨著基督教普及，在羅馬各地的執事袍——袍服上兩道黑色直線象徵著耶穌基督的血。圖19、20為筒袖式執事袍，其中女款執事袍的衣身較長，頭頂長巾象徵基督徒。圖21、22為拜占庭帝國皇帝與皇后的裝扮——內著裝飾性執事袍，外披華麗大斗篷，並在肩部別寶石胸針固定斗篷，腳履足套；王冠與耳環均鑲嵌寶石，極為華麗。

26　27　28

32　33

圖23為十字軍東征時期歐洲女性服飾——上半身採合身剪裁，搭配日耳曼風頭巾與斗篷，這些特色顯示歐洲服飾受到拜占庭風格影響。中古世紀的歐洲服飾風格以樸實並講究機能的日耳曼風格為基調，附帶強調裝飾的華麗拜占庭風味。圖24為十字軍東征之後的歐洲貴族服飾——散發東方風情的長禮服與斗篷，搭配毛帽、披肩等當代時尚配件。圖25為歐洲女性平日裝束——合身上衣搭配寬裙，皮帶繫於低腰處，並懸掛小包包。圖26為富裕的歐洲男性市民裝扮。圖27為牧羊老人裝扮。由圖26、27可看出，頭巾為中古歐洲的流行配件。

十三至十五世紀，歐洲進入哥德時期，服飾也出現劃時代的設計——新式剪裁方法將緊密貼身或極度誇張的裝飾化為可能。圖28的女性裙裝與圖29的男性褲裝充分顯示當時歐洲服飾的特色。

十四至十五世紀的歐洲上層階級重視享樂，追求新奇。圖30、32與圖31、33便是重視華麗派頭的青年男女裝扮——男裝流行墊肩；女裝流行大裙。此外，能夠展現胸部肌膚的大V字衣領與束腰也是女裝設計重點。圖31中帽型高聳拔尖，以蕾絲或亞麻布料做誇張裝飾的女性帽飾，稱為塔型垂紗帽。然而，一般庶民或虔誠教徒的裝扮則與前代相差無幾，如圖34、35。圖34的垂墜長袖，以及圖36中勞動者的長腰帶，皆為中世紀的歐洲服飾特色。圖35的庶民女性裝束可謂今日天主教修女服的原形。

文藝復興時期，染織技術蓬勃發展，各地服飾時尚發展出不同的傾向，例如義大利服飾流行簡約，中歐偏好誇張。圖37、38為德國上流社會服飾。圖39為十六世紀法國中產階級女性裝扮——在腰際加裝輪胎狀臀墊的膨大襯裙蔚為流行。

反觀文藝復興時期的西班牙服飾流行，圖41的西班牙貴婦，內著加裝裙撐的襯裙，以撐起吊鐘形裙子。圖42的西班牙男性貴族上著鎧甲，下著短褲，且在褲腰內置填充物以營造膨鬆效果。西班牙貴族也喜好褶子，以及切割上衣表布以露出下層布料，及各種違反自然、強調裝飾性的設計。至於西班牙庶民服飾則如圖40，以方便活動為主要訴求。

十七世紀後進入巴洛克時期，服飾造型更為誇張。圖43為男性日常穿著——風格樸素，卻少不了時尚的羽毛或蝴蝶結飾品。圖44為法國路易十四世時期的時尚——大量採用蕾絲與蝴蝶結裝飾，短褲的款式設計如裙裝般華麗，流行配戴假髮。圖45為十七世紀末歐洲貴婦人的時尚裝扮——在裙後加上罩裙，刻意誇張臀部線條的翹臀造型大行其道。

此外，林布蘭等荷蘭當代知名畫家的畫作中可見法蘭德斯地區（註：Flanders，荷蘭南部、法國及德國北部區域）的流行服飾，也曾吸引歐洲時尚界的目光。圖46為當代法蘭德斯貴族男子的時尚裝扮——亞麻白衣領、羽飾寬邊帽與華麗腰帶。圖47、48為當地貴婦的時尚裝扮——高腰、七分澎澎袖、大面積的反折式衣領。圖49、50則為庶民裝扮——樸素卻不失時尚要素。

十八世紀，歐洲上流社會流行優美的洛可風服飾，法王路易十五世主政的法國宮廷頓時成為全歐洲的時尚中心。圖51為法國宮廷的男性裝扮——外套款式又更貼近現代一步。圖52為當代法國宮廷侍女將裙擺捲起的執勤裝束。圖53為當代法國貴婦的裝扮。在接下來的法王路易十六時代中，瑪麗王后引領時尚流行，如圖54設計誇張的翹臀服飾再度躍上時尚舞台。

49　　50　　　　　　51　　52　　53

47　48

54

歐洲服飾常用的安全
別針款式

55　56 57　58

然而，上述歐洲貴族時尚在法國大革命之後一夕丕變。圖55、56為法國大革命時期的服飾。男裝除了上衣長度縮短，原本腰際誇張的裙擺及多層次穿著已不復見，髮型也改以短髮為主流。就整體時尚重點而言，即以單純取代繁複。

十九世紀，拿破崙一世即位，帝政時期展開，服飾時尚師法拿破崙嚮往的古代帝國，帝政風格大行其道。法國當代流行女裝如圖57、59，腰線上提至極高位置，裙身縮成窄版，澎澎袖復出；流行男裝則如圖58所示，下著及膝褲，上著高領襯衫搭配寬版領帶。

拿破崙帝政失勢後，流行女裝如圖60，宮廷風復辟，浪漫風重燃，調整型內衣再次獲得仕女青睞。圖61、62為1850年代的流行裝扮——女裝的裙身設計大型化，硬裡襯裙再度成為流行配件。至於男裝，正式場合流行燕尾服，如圖62；平日外出則穿著雙排扣長版大衣，如圖63。1870年，裙裝再度縮小尺寸，翹臀風格再度流行，如圖64、65。上述風格服飾在日本的文明開化期經由鹿鳴館傳入境內，因此又稱為鹿鳴館風格。

63　64

59　　60　　61　　62

65

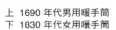

上　1690 年代男用暖手筒
下　1830 年代女用嚔手筒

暖手筒　外出時提供手部保暖的筒型服飾配件。材質以毛皮為大宗，也有海豹皮或天鵝絨材質。十六世紀末至十八世紀，流行華美式樣，男性也開始在外出時使用暖手筒。十九世紀之後，暖手筒再度成為婦女與孩童專用的保暖配件。

二十世紀，男性服飾以雙排扣長大衣為禮服，如圖66；俗稱西裝的西式套裝則作為平日穿著，如圖70。二十世紀初期的女性裝扮如圖67。當時女性為了縮小腰圍，習慣穿著調整型內衣。而後，女性裙裝時尚一度經歷風格詭異的蹣跚裙風潮。第一次世界大戰爆發後，女性為方便活動而捨棄長裙，流行短裙裝扮，如圖69。

右頁上圖　圍裙的演進

左起為十七世紀流行的蕾絲邊圍裙，十九世紀中葉流行的刺繡圍裙、現代連兜圍裙。

右頁中圖與下圖　袍服

中　英國坎特伯里樞機主教

下排右起為　英國議會服、劍橋大學的學士服、美國最高法院的司法官服

圍裙 覆蓋腰部至膝蓋部位，避免衣服髒污的布質服飾配件。除了因應勞動需求，也有純裝飾用途的圍裙，例如受到十六世紀法國貴族喜愛、打褶裝飾的圍裙。大圍裙可謂西洋民俗服飾的重要元素。

袍服 長版的寬鬆外衣，為牧師、法官、大學教授、律師等職業人士執行儀式或公務的服飾。在英國，袍服也是成年禮或大學畢業典禮等場合必備的外衣。

洛可可時期的宮廷服飾

內衣、傘、鞋

黃道十二星座
天秤座

【內衣】

穿在外衣內的貼身衣物總稱。古希臘羅馬時代的罩衫為兼具外衣與內衣性質的衣物。人類大約自西元四世紀起穿著汗衫、襯褲。中古世紀的衣著發展出裝飾性袖口或衣領，袖口與衣領也露出衣外。十六世紀後，隨著女裙朝大型化發展，衍生出各種類型的裙撐，馬甲也因應而生，女用襯褲也是這時期的產物。現代，女性內衣在功能上已分為兩大方向，一為訴求保暖或吸汗等實用機能的衛生衣或襯衣等，另一為訴求調整身體曲線的胸罩或馬甲，馬甲又稱為調整型內衣。製作特別精美的女性貼身衣物，英文通稱為 lingerie，源於法文 linge，意為製作內衣的亞麻織品。由此可知，女性貼身衣物最早多為亞麻材質。

女性內衣　1.胸罩　2.三角褲　3.平口褲　4.塑身衣　5.束腹　6.連衫褲　7.襯衣　8.連身襯裙　9.吊帶襯衣　10.襯裙

襯衣　女性貼身衣物，穿著在胸罩之外。古代不乏短袖或長袖的襯衣，然而現代襯衣多為無袖。1930年代以前，襯衣用途廣泛，現代襯衣則以吸汗、避免汗水或體垢沾染外衣為訴求，轉為實用本位，甚至成為較少使用的衣物種類。襯衣多採用平針織布或縐綢等彈性素材。

襯衣
左　1820年代
中　1830年代
右　1695年代

襯裙（下同）

連身襯裙　用途為整合所有貼身衣物，使洋裝表面平順。連身襯裙大約在十七世紀問世。過去，襯裙多採用亞麻、絲、棉等質料，現在多採用尼龍或嫘縈（人造絲）、聚脂纖維等質料。

吊帶襯衣　無袖、裙長至腰下。為了使洋裝表面平順而穿著的貼身衣物。通常與襯裙搭配成套穿著，以取代連身襯裙。

襯裙　通常與襯衣成套穿著，以取代連身襯裙。窄擺、寬擺款式皆有。質地多採用表面滑順的絲絹、尼龍、羅紋織布等。

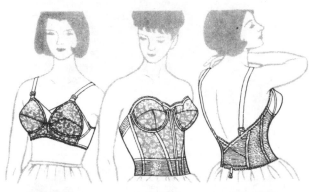

有肩帶胸罩　　　無肩帶胸罩　　　無背式胸罩

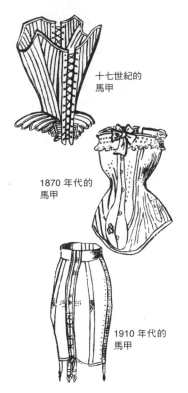

十七世紀的
馬甲

1870 年代的
馬甲

1910 年代的
馬甲

胸罩　為了調整胸形的貼身衣物。一般是有肩帶款式，另外也有無肩帶或無背款式。

馬甲　女性貼身衣物。穿著在胸部至腰際之間以調整腰身曲線。利用鯨鬚或鋼材塑型，質料多採用棉、絲、尼龍、橡膠布等。十五至十六世紀期間受到廣大女性歡迎，現在則多為束褲所取代。

泳裝　游泳時穿著的衣服。女性泳裝於十九世紀興起，起初的款式類似睡衣，衣身較長，另外也有寬鬆短褲搭配上衣的兩件式泳裝。二十世紀後才出現緊身的一件式泳裝或兩截式泳裝。右頁下圖為泳裝款式演變，左起依序為 1850 年代下半身搭配寬鬆短褲的款式、1890 年代的款式、1920 年代美國標準協會）規定的款式、1955 年的款式，最右側為比基尼款式。

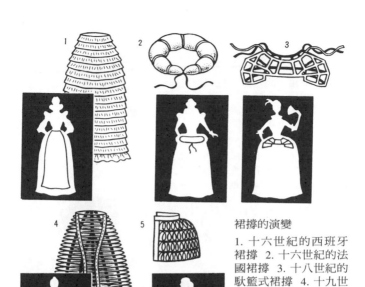

裙撐的演變

1. 十六世紀的西班牙裙撐　2. 十六世紀的法國裙撐　3. 十八世紀的馱籃式裙撐　4. 十九世紀的硬裡襯　5. 臀墊

絲質大禮帽　男性搭配禮服用的帽子。採用特殊處理的絲質素材，特徵為平頂、高帽冠，且以黑色為正式顏色。在歐美國家，男子多在騎馬或觀賞板球賽等戶外活動時，配戴絲質大禮帽。

十九世紀初期的絲質大禮帽

軟呢帽　又稱為中摺帽。材質是柔軟的毛氈布，供平日配戴用，剛好與絲質大禮帽或其他高冠帽區隔。帽簷兩側稍微向上翻捲，帽冠中央塌陷。類型以氈帽（註：Hamburg，因最初為德國漢堡的男士所配戴而得名，又稱小禮帽）較為多見。

獵帽　又稱為便帽。原本為獵鳥等狩獵活動時配戴的帽子，現在常見於各種運動場合。帽頂依縫製方法可分為六片拼接式、八片拼接式、一體成形式等。材質有毛氈布、棉布、麻布等。

1900 年代的絲質大禮帽

罩帽　原本為無簷帽的總稱。盛行於十九世紀，以人造花裝飾，並將緞帶拉至下顎處打蝴蝶結固定的女帽也稱為罩帽。現代罩帽的造型為兩側帽簷深深覆蓋耳朵部位，至頭後方逐漸變淺終至消失。

貝雷帽

左　軟呢帽
中　獵帽
右　阿爾卑斯帽

女帽　1. 鐘形帽　2. 貝雷帽　3. 布列敦帽　4. 罩帽　5. 荳蔻帽　6. 軟邊寬帽
7. 硬草帽　8. 頭巾　9. 髮髻　10. 波麗露帽　11. 無邊帽　12. 連頸帽

西洋頭飾 1.古埃及鷹形
頭盔 2.橄欖枝葉製成的
頭冠 3.十三世紀女子包
覆頭頸的披巾 4.塔型垂
紗帽 5.十五世紀法國男
子的兜帽 6.十六世紀男
用荳蔲帽 7.十七世紀扇
形頭飾 8.可折疊的篷式
連頸帽

歐洲
十九世紀初期

巴基斯坦

蘇丹

頭巾帽 伊斯蘭教徒與近東
各國男子,以毛氈、麻、綿
或絲等長布巾包纏頭部。一
般習慣先戴土耳其帽作為襯
底。布巾的顏色與纏法因身
分、階級、宗教派別或部族
等各有不同。十九世紀起,
也有婦人帽採用此種形式,
一樣稱為頭巾帽。

喀什米爾

薄紗

上　伊斯蘭女性的面紗

中右　中古世紀麻質頭紗

中左　十九世紀裝飾騎馬帽的薄紗

下　1950年代作為帽飾的薄紗

薄紗　女性遮蓋頭部或臉部的輕薄紗布，自古代便開始使用的服飾配件。現代薄紗多採用網布、絹網、蕾絲等質料，多作為帽飾或婚紗之用。著名的西班牙連披肩頭紗，以及伊斯蘭教女性使用的雙重浮紋面紗，也是薄紗的一種。

領結
上左　1790 年代
上右　法王路易十四世時代
下左　法國第一共和時代
下右　領結與衣領的搭配

領結與領帶　1. 古羅馬領巾　2. 十七世紀領巾　3. 十七世紀末的司蒂恩科克式圍巾（註：兩端下垂且鬆鬆交纏成一股的圍巾）　4. 1975 年的領結　5. 瓦莉埃式領結（註：因法王路易十四世的情婦得名，即大蝴蝶結式領結）　6. 史脫克式領結（註：以寬帶型飾巾纏繫在衣領內）　7. 搭配禮服的蝴蝶結式領結　8. 四步驟式活結領帶

【領結與領帶】

圍繞頸部或衣領，並在前方打結固定的布條。領帶的起源有兩種說法，一說源自羅馬帝國軍人的領巾；另一說源自十七世紀後半，法國克羅埃西亞兵團的圍巾，而後因法國宮廷人士爭相仿效，成為時尚配件。

造型鬍鬚　1. 法王法蘭索瓦一世（十六世紀）　2. 英王亨利四世（十六世紀）　3. 比利時畫家范・戴克（Anthony Van Dyck，十七世紀）　4. 落腮鬍（十九世紀）　5. 拿破崙三世（十九世紀）　6. 凱撒鬍　7. 英國喜劇泰斗卓別林　8. 英國紳士氣質男星羅納・考爾門（Ronald Colman）

歐洲假髮 左為埃及假髮。中為法國路易十四（十七世紀）時期的假髮。右為英國法官配戴的假髮。

【假髮】

西洋自古便將假髮視為裝飾配件或實用配件，同時也具備展現威嚴的功能。

左頁上

蝴蝶結的用途 左上為髮飾用途的英國蝴蝶結。左下為十六世紀的英國女性裝束。右為路易十四時期的法國貴族服飾，據說全身蝴蝶結耗費的緞帶長達 300 公尺。

半截假面

男女小丑

左頁 羽飾
左為十六世紀初期的飾品
右上為軍帽的羽飾
右下為現代女帽的羽飾

紋面與面具 十六世紀

亞述帝國陽傘

1870 年代的陽傘

古希臘陽傘

首次撐傘走在倫敦
街頭的英國社會評
論家強納斯‧漢威
（Jonas Hanway）

古希臘陽傘

【陽傘】

阻隔陽光用的傘。歐洲自古希臘羅馬時期便有撐陽傘的習慣。材質多為麻布或蕾絲。傘面的圖樣或顏色，以及傘柄長度則隨時代流行而有不同變化。

十九世紀婦人用陽傘

古代帝王御用華蓋

1. 古波斯
2. 3. 亞述
4. 暹邏國王御用
5. 印度
6. 衣索比亞
7. 8. 緬甸

【手套】

裝飾手部或提供保暖及保護效果之物。可分為兩大類，五指獨立的五指手套與拇指獨立的合指手套。男性出席正式場合時多佩戴羔羊皮革製的白手套搭配禮服，一般場合則戴亞麻布質或絹質白手套。女用手套有綢緞、尼龍或蕾絲材質，依服裝款式來搭配。

手套 1. 十六世紀英國皮手套 2. 十九世紀，印有圖樣的皮革內裡手套 3. 中古世紀英國主教專用手套 4. 至 7. 現代手套 4. 男用皮手套 5. 女用皮手套 6. 長手套 7. 毛線合指手套

方巾 女性服飾配件，主要作為領巾使用。圍在頸部是領巾，披覆在頭部是頭巾，也具有保暖防寒的功能。也可露出領口裝飾頸部，或繫在腰際代替腰帶。大多採用質地輕薄的毛料、絲與化學纖維等質料，常見的有長方形或正方形，以及印花圖案等。

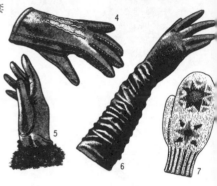

披肩

毛皮或羽毛製的細長圍巾

斗篷

暖手筒

西班牙披肩

圍巾　環繞頸部的長條織品，兼具防寒與裝飾效果。材質採用駱駝毛或喀什米爾羊毛等手感極佳的毛織品、絲絹及尼龍材質的喬琪紗（註：Georgette，以質感薄透、細緻著稱的縐紗綢）等。

方巾　　　　　圍巾　　　大方巾　　長披巾

涼鞋 利用繩或帶固定腳掌，腳背鮮少覆蓋的鞋子。古埃及人便有以木頭、亞麻、紙莎草、皮革等製作涼鞋的習慣。古希臘羅馬也流行涼鞋。涼鞋也是現代人常穿的鞋種之一，材質有皮革、橡膠、塑膠、木頭等。

古埃及王的涼鞋

古希臘拖鞋

羅馬涼鞋

印度貴族的夾腳涼鞋

鑲有金屬的土耳其涼鞋

木鞋 以柳木、胡桃木、山毛櫸等質地堅硬的木頭製作而成的鞋子，耐用且防潮。製鞋要先將木材放在陽光下曝曬數月，直到完全乾燥後才可進行刨木。自古埃及與古羅馬時代就有木鞋，中古世紀廣受歐洲各地人民喜愛，現今仍為法國或荷蘭搭配民俗服飾的鞋款。也有不帶任何裝飾、漆黑或腳背繫帶等款式。下圖為荷蘭木鞋。

東洋的鞋子 1.蒙兀兒帝國皇帝的長步靴（十七世紀） 2.印度伊斯蘭教徒的皮鞋 3.韓國皮鞋 4.韓國木鞋 5.中國纏足婦女用布鞋 6.中國布鞋 7.中國男戲子所穿著的厚底長靴

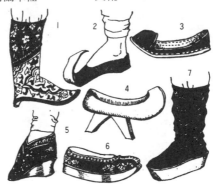

十八世紀的拖鞋
式便鞋

拖鞋式便鞋

側空式便鞋

女用浮士德便鞋

艾貝雷特便鞋

上排左起依序為十八世紀的拖鞋式便鞋、拖鞋式便鞋、側空式便鞋。下排左起為女用浮士德便鞋、艾貝雷特便鞋。

綁腿 覆蓋腿部的服飾配件。穿法為套在褲管外或直接綁在腿上。多為以下三種款式：一、利用排釦固定於側邊；二、腳背至足弓部位以繫帶固定；三、利用細長布套從腳踝圍裹至小腿，在膝下繫結固定。材質有厚棉布、毛織布、皮革等。常用於軍裝、戶外勞動、登山等場合。

各式綁腿
左上　狩獵用皮製綁腿
左下　日常用布質綁腿
中　1880 年代軍用綁腿
右　十九世紀初期軍用布質綁腿

古羅馬包鞋

台灣木屐

古羅馬涼鞋

漆皮鞋

莫卡辛鞋

西洋各時期的鞋子 1. 古希臘涼
鞋 2. 古埃及女用涼鞋 3. 亞述包
鞋 4. 亞述軍鞋 5. 古波斯鞋（利
用鈕釦固定） 6. 古希臘卡巴汀
鞋 7. 古希臘厚毯靴 8. 古希臘
女用高統靴 9. 古希臘厚底靴 10.
古希臘靴 11. 古希臘的波斯風女

鞋 12. 古羅馬伊特魯里亞女靴
13. 古羅馬公民搭配罩袍的男鞋
14. 古羅馬高級官員愛用鞋 15.
古羅馬皇帝用軍靴 16. 高盧人的
卡巴汀鞋 17. 十一世紀的法國
靴 18. 十二世紀的馬靴 19. 十三
世紀的英國鞋 20. 十一至十二世

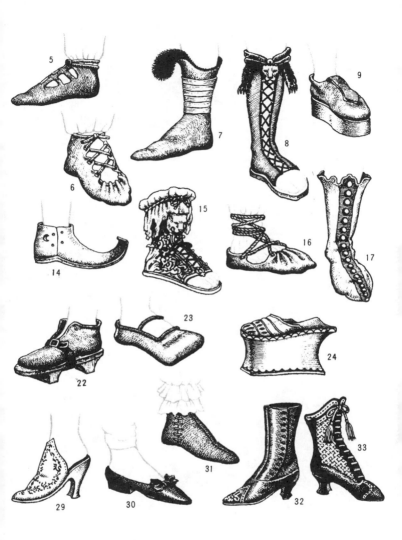

紀的希臘鞋 21. 十四世紀的法國
鞋，特色為鞋尖高起且懸掛鈴鐺
22. 十五世紀德國貴族的木底鞋
23. 十六世紀法國貴族的寬頭鞋
24. 十六世紀威尼斯厚底女鞋（也
稱為高底鞋或蕭邦鞋） 25. 十七
世紀的法國長靴 26. 十七世紀中
葉英國男用牛津鞋 27. 十八世紀
末的法國長靴 28. 29. 十八世紀
中葉的法國女鞋 30. 十九世紀的
男用宮廷鞋 31. 十九世紀少女布
靴 32. 十九世紀排釦式女靴 33.
十九世紀綁帶女靴

各類鞋款 上為紳士鞋 下為淑女鞋

左上起 巴莫洛鞋（因蘇格蘭城堡而得名）、布魯鞋、雕花牛津鞋、樂福便鞋

左下起 素面跟鞋、娃娃鞋、涼鞋、鞍飾牛津鞋

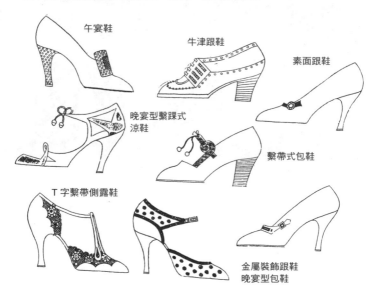

午宴鞋

牛津跟鞋

素面跟鞋

晚宴型繫踝式涼鞋

繫帶式包鞋

T字繫帶側露鞋

金屬裝飾跟鞋
晚宴型包鞋

【鞋子】

目前發現最早的鞋子是古埃及人的涼鞋，並由古希臘羅馬人沿用。古希臘人除了沿用埃及涼鞋之外，也穿著單張皮革製的短靴或長靴，外形類似莫卡辛鞋。中古世紀時，人類已經開始利用皮革或美麗的布料製作各種款式的鞋子。十六世紀，跟鞋問世。十九世紀中葉，製鞋業進入利用縫紉機量產的時代。

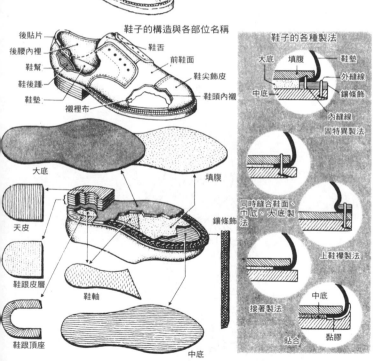

鞋子的構造與各部位名稱

後貼片
後腰內裡
鞋幫
鞋後踵
鞋墊
襯裡布
鞋舌
前鞋面
鞋尖飾皮
鞋頭內襯

大底
天皮
鞋跟皮層
鞋軸
鞋跟頂座
填腹
鑲條飾
中底

鞋子的各種製法

大底　填腹　鞋墊
中底　　　外縫線
　　　　　鑲條飾
　　　　　內縫線
固特異製法

同時縫合鞋面、中底、大底製法

上鞋襻製法

接著製法　黏膠　中底
貼合

高底鞋　文藝復興時期，女性穿著寬裙擺洋裝時搭配的鞋子。鞋底為質地輕盈的木頭，有助於拉長身形。

穿著高底鞋的十六世紀女性

教會、民宅

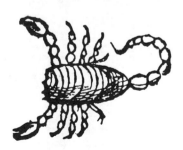

♏ Scorpius

黃道十二星座
天蠍座

【拱券】

建築或橋等建築物常應用的弧形結構，只利用拱弧傳遞壓力就能荷重。早在西元前，人類就懂得利用耐壓的堅硬石塊或磚塊等建材建造拱門或拱橋。至古羅馬帝國與拜占庭帝國時期，拱券的結構已有長足進步，發展出半圓形、馬蹄形、尖頂形等諸多形式，與同以楔形拱石堆積而成的楣式結構（註：以列柱支撐橫梁的結構）並稱為石造建築的兩大特色。而後，建築界又發展出組合小型木板或鋼板而成的桁架拱券，以及新式橋樑或水壩建築所採用的鋼筋混凝土或鋼骨結構的拱券。

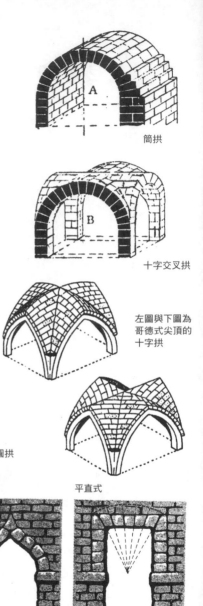

簡拱

十字交叉拱

左圖與下圖為哥德式尖頂的十字拱

拱頂石
拱石
拱距

半圓拱

矢形　　　蔥頭形　　　平直式

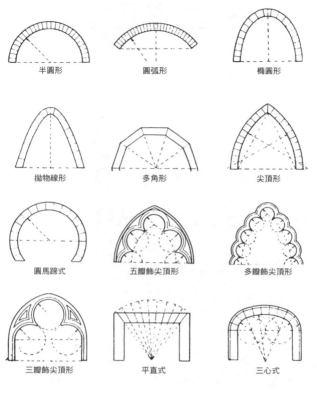

半圓形

圓弧形

橢圓形

拋物線形

多角形

尖頂形

圓馬蹄式

五瓣飾尖頂形

多瓣飾尖頂形

三瓣飾尖頂形

平直式

三心式

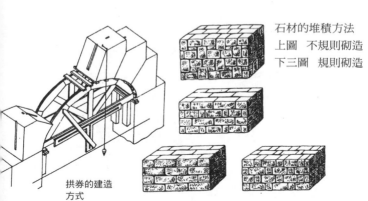

拱券的建造
方式

石材的堆積方法
上圖　不規則砌造
下三圖　規則砌造

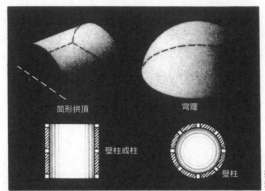

筒形拱頂　　　　　穹窿

壁柱或柱

壁柱

拱形屋頂的
種類與結構

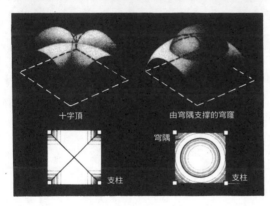

十字頂　　　　由穹隅支撐的穹窿

穹隅

支柱　　　　　　支柱

拱形屋頂的
種類與結構

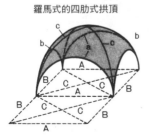

羅馬式的四肋式拱頂

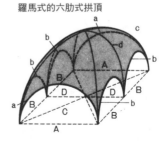

羅馬式的六肋式拱頂

飛扶垛

扶垛

扶垛　為了支撐拱頂或分攤拱頂的側向壓力而築在外牆之外，且互相保有一定間距的支撐壁。扶垛的優點在於，建築物無需將牆壁砌築得更厚，便可獲得較佳的力學結構，又能兼顧裝飾效果。早在古代建築中便有扶垛的蹤跡，然而直到中古世紀，扶垛才成為常見的結構。哥德式建築中更發展出飛扶垛，即從中殿牆壁飛跨至側廊的拱型結構，成為哥德式建築的一大特色。

拱形屋頂　相對於平面式屋頂，由拱券及凹曲面所構成的屋頂稱為拱頂或穹窿。自從古羅馬時代發展出拱頂結構後，拱頂結構便大量出現在建築中。尤其在中古世紀的哥德式建築中，拱頂結構更是建築力學與美學上的雙重要素。拱形屋頂有筒形、肋形、十字交叉式、星形等多種形式。

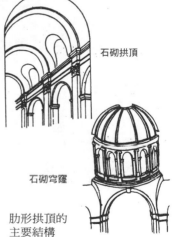

石砌拱頂

石砌穹窿

尖肋式拱頂

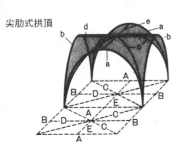

肋形拱頂的主要結構

a. 橫肋

b. 拱肋

c. 對角肋條

d. 支承拱肋的支肋柱

e. 脊肋

ABCDE 分別為 abcde 在平面上的投影線

耶穌會教堂正面

哥德式建築　繼羅馬式建築之後，到中古世紀，帶有濃厚的基督教氛圍的哥德式建築興起。哥德式建築在十二世紀中期誕生於法蘭西島，以北法為中心向外流傳至英國、德國、義大利，最後遍及全歐洲，在十五世紀結束前，成為歐洲最興盛的建築式樣。藉由尖頂、肋形拱頂與飛扶垛三項建築元素強調仰之彌高的宗教精神，並藉由大面積的彩色玻璃窗傳達莊嚴隆重的宗教氛圍。法國著名的哥德式建築有沙特爾大教堂、亞眠大教堂、蘭斯大教堂等。

正面　指建築物的正面。某些哥德式建築擁有兩個以上的正面。建築物的正面通常面對道路或廣場，相當重要。

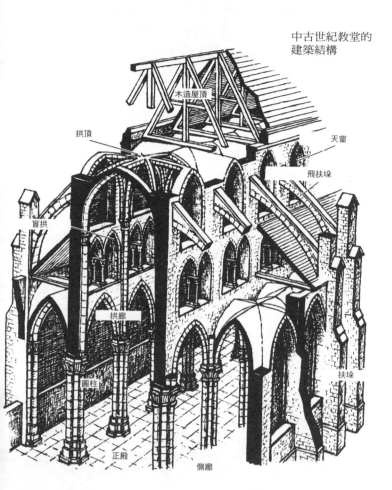

中古世紀教堂的
建築結構

木造屋頂

拱頂

天窗

飛扶垛

盲拱

拱廊

圓柱

扶垛

正殿

側廊

【教堂建築】

教堂是基督教信徒進行禮拜或其他儀式的場所。在基督教發展之初，基督徒為躲避羅馬政府迫害，在私人宅邸進行集會或禮拜，這便是教堂的起源。《米蘭詔書》（註：君士坦丁大帝以此詔另承認基督教為合法宗教）頒布之後，基督教徒積極興建教堂，教堂的建築形式也於此時大致確立。早期教堂的基本型態大致可分為兩種類型：一為由中殿與側廊組成的古羅馬巴西利卡式教堂；另一為源自東羅馬，在中央搭建穹窿的集中式教堂。教堂門廊設於西方，祭壇則設於東方內殿。西歐教堂充分展現了拜占庭式或羅馬式建築的先進技術。至哥德式藝術時期時，哥德式教堂教築更以明亮、理性的結構表達教堂的莊嚴。

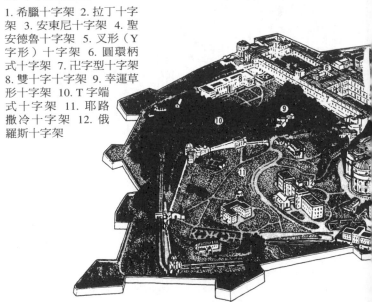

十字架 古代東方國家對犯人求處磔刑的刑具,自古便以各種形式存在於各民族之中。例如釘刑為古代利用十字架施行的酷刑之一。耶穌基督在十字架上受難之後,十字架便成為基督教的象徵,象徵救世祭壇以及相對於苦難、死亡、地獄的勝利。天主教信徒在祝聖或祝福時會以手依序額頭、胸前、左肩、右肩的順序描繪十字,以此象徵十字架。

梵蒂岡宮 位於梵蒂岡,為教宗的官邸,源自西元五世紀末,西瑪克教宗將居所設在梵蒂岡。1377 年時,教宗格雷果十一世將教廷遷至梵蒂岡,並整備宮殿,而後經多納托‧伯拉孟特(Donato Bramante)、米開朗基羅等人修改增建,氣勢更顯莊嚴。梵蒂岡宮內有博爾吉亞家族寓所、觀景庭園、西斯廷禮拜堂等建築,房室千餘間,中庭二十座,建築內部組成相當複雜。教宗寓所僅占其中極小部分,絕大部分以美術館、圖書館等形式對外開放。

上 十字架的形式

1. 希臘十字架 2. 拉丁十字架 3. 安東尼十字架 4. 聖安德魯十字架 5. 叉形(Y字形)十字架 6. 圓環柄式十字架 7. 卍字型十字架 8. 雙十字十字架 9. 幸運草形十字架 10. T 字端式十字架 11. 耶路撒冷十字架 12. 俄羅斯十字架

耶穌基督在各各他山被釘上十字架受難

梵蒂岡城國

1. 聖彼得廣場 2. 城國入口
3. 聖彼得大教堂 4. 西斯廷
禮拜堂 5. 教皇館 6. 圖書館
7. 美術館 8. 繪畫館 9. 教宗
庇護四世設立的別墅 10. 舊
庭園 11. 教宗庇護十一世的
新庭園 12. 官邸

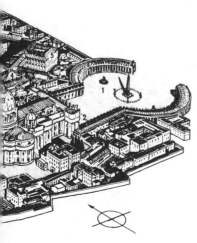

【梵蒂岡】

正式名稱為梵蒂岡城國。地處義
大利南部，羅馬城西方。面積僅
0.44 平方公里，雖為世界上最小
的國家，卻與多國互派使節，更
是全球天主教信仰中心，即天主
教廷所在。梵蒂岡城國以教宗為
國家元首，人口約 800 人，城國
內所有人民均為教廷服務。梵蒂
岡城內擁有許多世界知名的建築
物，例如梵蒂岡宮、聖彼得大教
堂等，還有西斯廷禮拜堂、美術
館、圖書館等設施。圖書館藏有
1200 多冊古籍，藏書達 90 萬冊。
西元四世紀時，羅馬帝國皇帝君
士坦丁一世在聖彼得墓地上修建
教堂，為聖彼得大教堂的前身。
九世紀中葉，梵蒂岡城為防範伊
斯蘭教徒侵略，於周圍築起城牆。
1377 年，教宗格雷果（Gregory）
十一世被法國釋放回到羅馬之
後，梵蒂岡便成為教宗的永久住
所。十五世紀以後，梵蒂岡成為
天主教會的中心。1870 年，梵蒂
岡成為義大利王國的領土，直至
1929 年拉特朗條約簽訂後，梵蒂
岡城國才正式誕生。

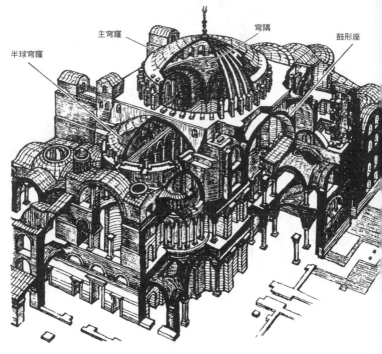

半球穹窿　　　主穹窿　　　　　　　　　　穹隅　　　　　　鼓形座

聖索菲亞大教堂構造圖　巧妙
結合集中式與巴西利卡式為一
體的教堂，為拜占庭時期初期
的代表性建築物。

下　聖索菲亞大教堂剖面圖

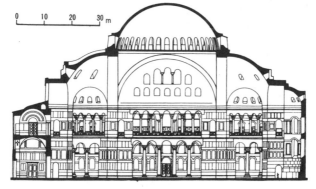

0　　10　　20　　30 m

【聖索菲亞大教堂】

位於今土耳其伊斯坦堡,屬於早期拜占庭建築。西元 573 年,由拜占庭帝國皇帝查士丁尼一世獻給教會。這座大教堂曾作為拜占庭帝國歷代皇帝的宗廟,至十五世紀時成為土耳其帝國的清真寺,現今則為美術館。最大特色為融合集中式與巴西利卡式建築風格,且壁面鑲有多色大理石與黃金材質的馬賽克拼貼畫。

【獅鷲】

人類幻想中的動物。鷹鷲的頭部、前肢與羽翼,配上獅子的軀幹與後肢。源於東方,常作為建築裝飾與徽章圖樣。在希臘神話中,獅鷲為希臘北方未知國度賽西亞(中亞草原地帶)鎮守黃金的怪獸,與獨目人之間時有衝突。

上　裝飾建築的獅鷲雕像
下　雙飾瓦當的怪獸

【沙特爾大教堂】

位於法國中北部厄爾—羅亞爾省的沙特爾市，為著名的聖母教堂。現今的大教堂在 1194 至 1260 年間興建，為法國最具代表性的哥德式建築之一。1194 年以前的建築已遭大火焚毀，只剩西正面與雙塔（十二世紀中葉興建）留下斷垣殘壁。南北正面的眾雕刻作品絕大多數在十三世紀前半葉完成，西正面「王者之門」上的雕刻均為重要的哥德式藝術作品。此外，整座教堂共計 176 面窗戶，全以彩色玻璃鑲嵌製做（十二至十三世紀），素有「光之藝術」的美譽。

哥德式修道院的外觀

沙特爾大教堂的彩色玻璃畫《最後的晚餐》

【彩色玻璃】

中古世紀的教堂，尤其是哥德式教堂用以裝飾建築的玻璃。玻璃的繽紛色彩來自各種金屬氧化物，玻璃的邊框或彩色玻璃畫中的陰影則來自黑褐色釉料。施工方法為先將玻璃燒製成剖面呈 I 字型的彩色玻璃片，鑲入鉛製框架，再以焊接方式接合各玻璃框。教堂的彩色玻璃畫題材通常取自聖經或聖人傳記，除了美化建築，更能彰顯莊嚴氣氛。彩色玻璃源自法蘭克王國的卡洛林王朝，發展至十二世紀初期大抵完備，因哥德式建築採用大面積彩色玻璃而掀起流行，至十二世紀中葉進入全盛時期，法國、英國、德國建築尤其愛用。

熙篤會　聖樂伯堅持嚴守本篤會的修道清規，1089 年在法國熙篤創立了熙篤會修道院。十二世紀初，經聖納德大加宣揚，並建立明谷修道院後普及西歐全域。上圖為熙篤會修道院的彩色玻璃。

以興建教堂為題的彩色玻璃

沙特爾大教堂的彩色玻璃

【鎖】

安裝在門窗、抽屜、保險箱
等的金屬製關閉裝置。多數
需以鑰匙開啟，也有裝在內
側、徒手操作便可上鎖的類
型，如門栓或窗鎖。

【鑰匙】

插入鎖孔內開鎖的金屬零件。
從開門栓用的單純類型到開
喇叭鎖用的複雜類型都有。
鑰匙的用途會令人聯想到財
產，因此也是所有權或權力
的象徵。

歐洲各時期的鑰匙 1. 古
羅馬 2. 法蘭克王國墨洛
溫王朝 3. 七世紀 4. 十六
世紀 5. 十七世紀 6. 十八
世紀

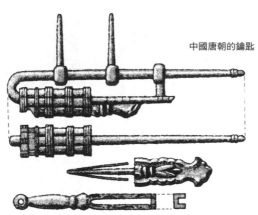

中國唐朝的鑰匙

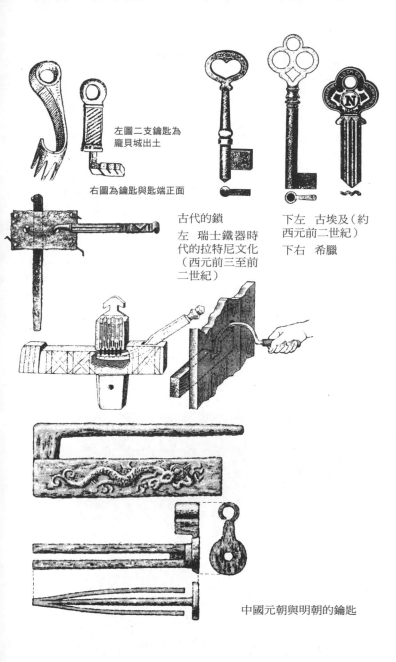

左圖二支鑰匙為
龐貝城出土

右圖為鑰匙與匙端正面

古代的鎖
左　瑞士鐵器時
代的拉特尼文化
（西元前三至前
二世紀）

下左　古埃及（約
西元前二世紀）
下右　希臘

中國元朝與明朝的鑰匙

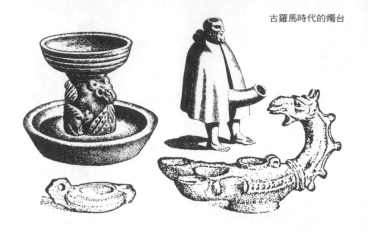

古羅馬時代的燭台

【燭台】

放置蠟燭的台子。材質多為黃銅、木頭、竹子或陶製。燭台的造型多樣，唐朝稱人偶造型的燭台為燭奴；西洋燭台則有單一根蠟燭用的直立式燭台、壁掛式燭台、直立式枝狀燭台、懸吊式環狀或枝狀吊燭架等形式；此外也有造型小巧，供手邊照明用的手持式燭台。舊約聖經中耶路撒冷神殿的七分枝大燭台，就是著名的西洋燭台。西洋的文藝復興、巴洛克、洛可等時期，燭台工藝都非常發達，發展出許多極具裝飾效果的精巧燭台。

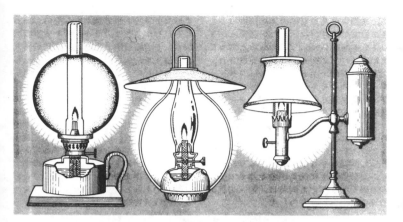

油燈　圖左為桌上型卷芯油燈。圖中央為扁芯油燈。圖右為油槽分離的銀製油燈，為十九世紀中葉的產品。

左頁下圖　燭台
圖左為十六世紀大型枝狀燭台。圖中央為波斯鑲銀青銅燭台。圖右為法國路易十五世時期的燭台。

愛迪生的碳絲電燈泡

【電燈泡】

在真空或填充氬氣、氮氣等氣體的玻璃球中置入電阻（即燈絲），以供電流通過，使電阻升溫至高熱便可產生白光的燈泡。十九世紀後半葉，英國的約瑟夫・威爾森・史旺（Joseph Wilson Swan）、美國的愛迪生等人利用棉線或炭化竹絲等作為燈絲，進行碳絲電燈泡的研究，發明出具有實用價值的電燈泡。現代電燈泡已用鎢絲線圈取代碳絲電阻。

愛迪生　全名湯瑪斯・阿爾瓦・愛迪生（1847-1931），美國發明家，出生於俄亥俄州。少年時代曾為報童，因緣際會下開始學習電信技術，並成為電報員，自此投入發明領域。1870年，愛迪生以發明家身分創業，發明證券報價機、印字電報機等電信產品。1877年發明留聲機，1879年發明電燈泡，接著又發明了電力傳輸系統，設計配電方式，並在1882年創立史上第一所中央發電所與愛迪生電燈公司，以拓展電力事業版圖。

吊燭架　下圖為中古世紀歐洲修道院的環形吊燭架。左圖為法國路易十四世時期的青銅製枝狀吊燭架。右圖為十八世紀時，以義大利的威尼斯玻璃（註：手工吹製玻璃）製成的環狀懸吊式燭架。

以蠟燭作為光源的吊燭架

【吊燈】

最初為懸吊式燭架的總稱。吊燭架源於十四世紀，在十七至十八世紀間發展出藝術造型，成為大廳裡不可或缺的裝飾性照明器具。現代吊燈則指使用電燈泡、懸吊於天花板的裝飾性電燈。

右頁

提供間接照明的吊燈。此種吊燈藉由光源擴散而達到柔和的照明效果。

【座椅】

提供坐臥的家具。在古代，座椅除了提供休息的用途之外，也象徵權威。在古埃及，椅子一問世便成為帝王的御用座位。在歐洲，直到古希臘時代，椅子的座椅功能才逐漸受到重視。中世紀發展出具備豪華頂篷與扶手的椅子，不但具裝飾效果，也能彰顯主人的權威地位。直到十八世紀以後，椅子才逐漸成為一般民眾的家具。以曲木為框、中間穿入數條圓木棒的英國溫莎椅，以及以藤條編織而成的藤椅等，都是具有地方特色的椅子。座椅的形狀也各有不同，如專供休憩用的安樂椅；椅座延伸至前方，兼具臥躺功能的躺椅；沒有椅背的椅凳；具有緩衝墊的沙發椅等。

椅凳　無椅背的西式座椅。有木頭接榫的普通板凳、與梳妝台搭配成套的化妝椅、雙人座六腳法式椅凳、附厚椅墊的土耳其式矮凳、X字腳的帆布露營椅等多種類型。

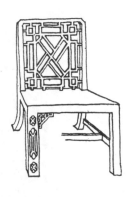

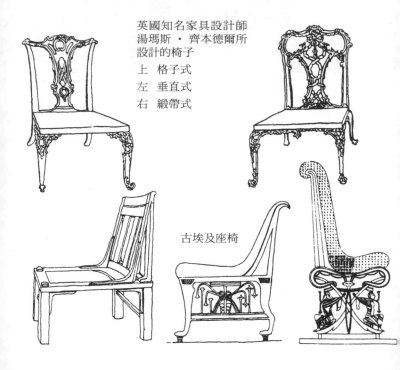

英國知名家具設計師湯瑪斯・齊本德爾所設計的椅子

上　格子式

左　垂直式

右　緞帶式

古埃及座椅

1. 古羅馬時代青銅長椅（西元前一世紀） 2. 文藝復興時期義大利木椅（十六世紀） 3. 文藝復興時代義大利皮椅（十七世紀初） 4. 英王詹姆士一世時代英國櫟木椅（十七世紀中） 5. 法國路易十五世時代法式座椅 6. 極具代表性的搖椅——梯背搖椅

7. 齊本德爾設計的沙發，1762 年製　8. 融入中國風的齊本德爾椅　9. 英國家具設計師喬治・海普懷特（George Hepplewhite）設計的椅子，十八世紀後半　10. 英國家具設計師湯瑪士・喜來登（Thomas Sheraton）的經典椅背設計　11. 佈道院風格的桌椅，十八世紀　12. 拿破崙帝國風格的薩丁尼亞國王椅　13. 奧地利索涅特公司生產的曲木搖椅，1860 年　14. 溫莎椅的一種　15. 閱讀椅，十九世紀初　16. 新藝術風格椅，二十世紀初

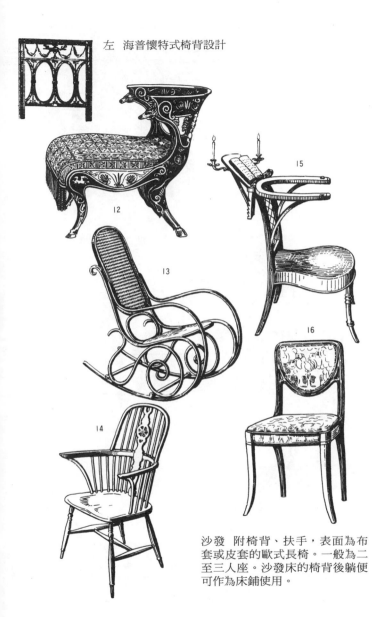

左　海普懷特式椅背設計

12

13

14

15

16

沙發　附椅背、扶手，表面為布套或皮套的歐式長椅。一般為二至三人座。沙發床的椅背後躺便可作為床鋪使用。

俄羅斯西北部奧涅加湖畔
木造民宅

德國薩克森民宅

荷蘭菲仕蘭民宅

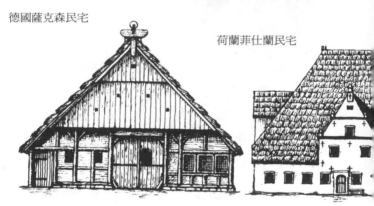

法蘭克王國民宅

原始日耳曼民宅
（西元前後）

德國東部民宅

德國巴伐利亞型民宅

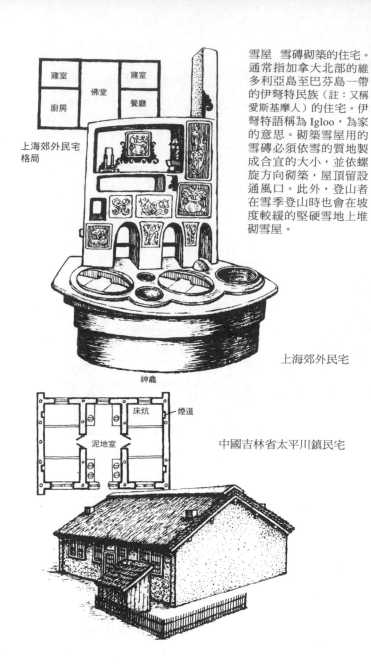

寝室　　寝室

佛堂

廚房　　餐廳

上海郊外民宅
格局

雪屋　雪磚砌築的住宅。通常指加拿大北部的維多利亞島至巴芬島一帶的伊努特民族（註：又稱愛斯基摩人）的住宅。伊努特語稱為 Igloo，為家的意思。砌築雪屋用的雪磚必須依雪的質地製成合宜的大小，並依螺旋方向砌築，屋頂留設通風口。此外，登山者在雪季登山時也會在坡度較緩的堅硬雪地上堆砌雪屋。

神龕

上海郊外民宅

床炕　　煙道

泥地室

中國吉林省太平川鎮民宅

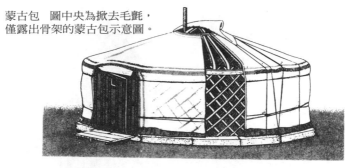

蒙古包 圖中央為掀去毛氈，
僅露出骨架的蒙古包示意圖。

雪屋

中國漢代住宅 左為四川省寶成
鐵路沿線出土的畫像磚上描繪的
住宅與庭院。

蒙古包 蒙古人或吉爾
吉斯人等亞洲中部至
北部草原地帶的遊牧
民族，泛用的移動式
圓形家屋。筒形屋壁
以甜楊或榆樹為骨架，
棚頂覆蓋毛氈，可如
開傘般自由開闔。高
度約4至5公尺，直
徑約5至6公尺。

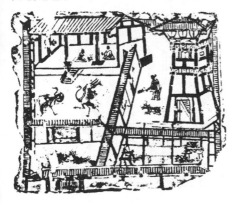

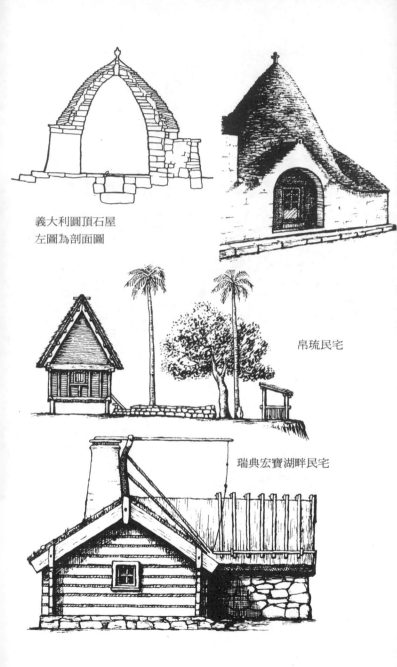

義大利圓頂石屋
左圖為剖面圖

帛琉民宅

瑞典宏寶湖畔民宅

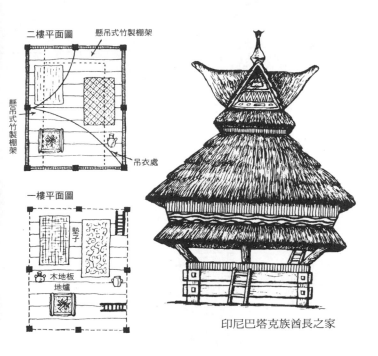

二樓平面圖

懸吊式竹製棚架

懸吊式竹製棚架

吊衣處

一樓平面圖

墊子

木地板
地爐

印尼巴塔克族酋長之家

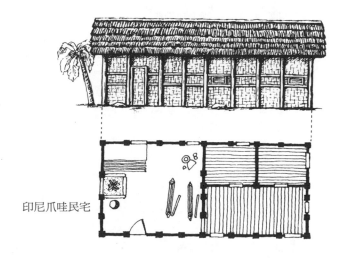

印尼爪哇民宅

1. 帝國大廈（美國紐約，高397公尺） 2. 克萊斯勒大廈（美國紐約，高317公尺） 3. 艾菲爾鐵塔（法國巴黎，高300公尺） 4. 曼哈頓銀行大廈（後更名為川普大樓，美國紐約，高281公尺） 5. 伍爾沃斯大樓（美國紐約，高232公尺） 6. 林肯大樓（美國紐約，高204公尺） 7. 原町無線電信塔（日本原町，高200公尺） 8. 大都會人壽保險大樓（美國紐約，高199公尺） 9. 紐約人壽保險大樓（美國紐約，高188公尺） 10. 華盛頓紀念碑（美國華盛頓，高168公尺） 11. 科隆大教堂（德國科隆，高152公尺） 12. 盧昂大教堂（法國諾曼第，高151公尺） 13. 聖史蒂芬大教堂

（奧地利維也納，高 139 公尺）
14. 聖彼得大教堂（義大利羅馬，
高 138 公尺） 15. 聖母大教堂
（比利時安特衛普，高 130 公尺）
16. 亞眠大教堂（法國亞眠，高
128 公尺） 17. 雷根斯堡大教堂
（德國雷根斯堡，高 126 公尺）
18. 布爾戈斯大教堂（西班牙布爾
戈斯，高 109 公尺） 19. 聖保羅

大教堂（英國倫敦，高 109 公尺）
20. 巴黎傷兵院（法國巴黎，高
104 公尺）

＊其他見 252 頁

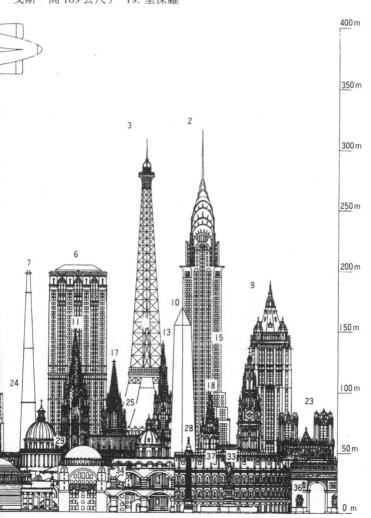

風向計 裝設於屋頂或高塔，會隨風轉動且指出風向的裝置，也具有裝飾作用。左上圖為英國中古世紀的風向計。右上圖為風向雞。

＊接續 251 頁

21. 東大寺七重塔（日本奈良，高97 公尺） 22. 美國國會大廈（美國華盛頓，高 87 公尺） 23. 蘭斯大教堂（法國香檳區蘭斯，高 81 公尺） 24. 先賢祠（法國巴黎，高 79 公尺） 25. 鐵阿提納教堂（德國慕尼黑，高 78 公尺） 26. 泰姬瑪哈陵（印度阿格拉，高 70 公尺） 27. 巴黎聖母院（巴黎，高 66 公尺） 28. 倫敦紀念碑（英國倫敦，高 61 公尺） 29. 聖索菲亞大教堂（土耳其伊斯坦堡，高 58 公尺） 30. 比薩斜塔（義大利比薩，高 55 公尺） 31. 東大寺大佛殿（日本奈良，高 52 公尺） 32. 名古屋城天守閣（日本名古屋，高 49 公尺） 33. 羅馬競技場（義大利羅馬，高 49 公尺） 34. 加德橋（古羅馬水道橋，法國尼姆，高 47 公尺） 35. 萬神殿（義大利羅馬，高 47 公尺） 36. 巴黎凱旋門（法國巴黎，高 46 公尺） 37. 自由女神像（美國紐約，高 46 公尺） 38. 東京大學天線高塔（日本東京，高 45 公尺） 39. 圖拉真柱（義大利羅馬，高 44 公尺） 40. 法隆寺五重塔（日本奈良，高 33 公尺） 41. 東京海上大樓（現為東京海上日動保險大樓，日本東京，高 30 公尺） 42. 帕德嫩神廟（希臘雅典，高 22 公尺） 43. 艾克隆號（美國海軍所屬飛船，飛行高度 239 公尺） 44. 瑪麗皇后號（英國輪船，長 314 公尺） 45. 布萊梅號（德國輪船，長 284 公尺） 46. 胡德號（英國戰艦，長 261 公尺） 47. 古夫金字塔（埃及吉薩，高 137 公尺） 48. 哈夫拉金字塔（埃及吉薩，高 126 公尺）

建築、古蹟

黃道十二星座
人馬座

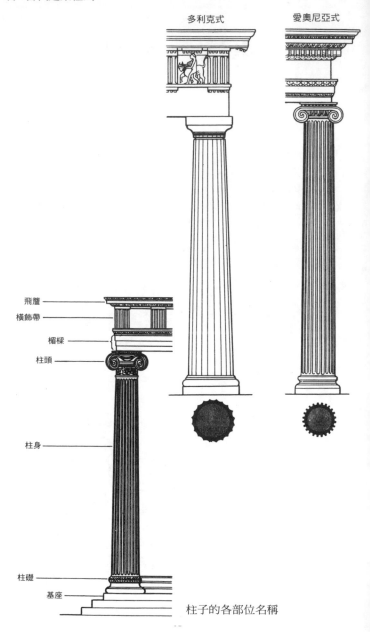

右　古代建築柱式

多利克式

愛奧尼亞式

飛簷

橫飾帶

楣樑

柱頭

柱身

柱礎

基座

柱子的各部位名稱

科林斯式　　　托斯卡式　　　複合式

【柱式】

古希臘羅馬建築中對樑柱的規範，
內容包含形式、裝飾、相對比例
等。希臘建築有三種柱式，分別為
多利克式、愛奧尼亞式與科林斯
式，特色分別為簡潔、優美、奢華。
羅馬建築則融合愛奧尼亞式柱頭與
科林斯式柱頭，發展出複合式柱
式。

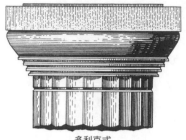

多利克式

愛奧尼亞式

拜占庭建築

羅馬建築

歐洲柱頭的裝飾與式樣變遷

【柱頭】

柱子的上端部位。自古埃及、邁
錫尼等古代建築開始到現代，柱
頭已經發展出多種裝飾與式樣。
例如古希臘的多利克式、愛奧尼
亞式與科林斯式就各有慣用的柱
頭形式。

多利克式

混合式

哥德式建築

莨苕紋飾　莨苕又稱為葉薊、蝦蟆花或鴨嘴花，為 50 至 100 公分的爵床科多年生草本植物，原生於南歐、北非與西亞地區。古希臘建築，尤其是科林斯式柱頭愛用莨苕葉形紋飾，並流傳至後世。

上圖、左圖　愛奧尼亞式柱頭的變化形

各時代與各地的柱頭式樣

1. 2. 西亞建築　3. 4. 初期基督教建築　5. 拜占庭建築　6. 至 8. 羅馬式建築（義大利）　9. 哥德式建築（法國）　10. 哥德式建築（英國）

11. 哥德式建築（義大利） 12. 13. 文藝復興式建築（義大利） 14. 哥德式建築（法國） 15. 哥德式建築（德國） 16. 17. 伊斯蘭建築 18. 19. 印度建築

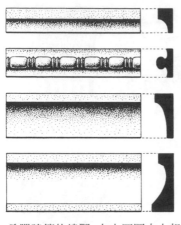

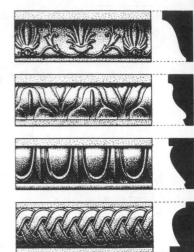

希臘建築的線腳　左上四圖由上起
為帶形線腳、半圓凸線腳（或稱珠
鏈飾）、1/4 圓凹線腳、凹圓線腳。
右上而下分別為梟混線腳、反梟混
線腳、卵形線腳、柱腳圓盤線腳。

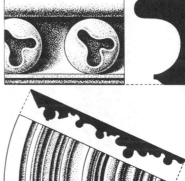

哥德式建築的線腳

【線腳】

建築或家具的部分裝飾，其上刻
有連續的幾何或藤蔓等的裝飾圖
紋。材質通常為石材或木材。

【壁龕】

西洋建築中，部分嵌入壁面的龕狀裝飾結構。壁龕的凹面多為矩形或半圓形，立面上方多為角形或半圓形，內壁通常有雕刻、繪畫、馬賽克拼貼等裝飾，或雕像花瓶等擺飾。

壁龕

拉斐爾在梵蒂岡的人像柱身作品。左圖的人像柱身象徵海洋，右圖的人像柱身象徵和平。

古埃及紋飾
上為睡蓮紋飾，左為紙莎草紋飾

下為古埃及聖甲蟲壁畫
上為糞金龜（埃及的聖甲蟲）

埃及建築工人施工圖　左起依序為工人為了興建小神廟而切割木材、雕刻、裝飾等情形（取自底比斯近郊貴族之墓的壁畫）。

古埃及建築的柱式

左 採用棕櫚葉紋飾柱頭的圓柱
（興建於第五王朝，位於阿布西
爾）

中 紙莎草紋飾圓柱（興建第
十八王朝，位於路克索）

右 採用鐘形柱頭的圓柱（興建
於第十九王朝，位於卡納克）

左 採用蓮花紋飾柱頭的六角柱
右 採用棕櫚葉紋飾柱頭的圓柱

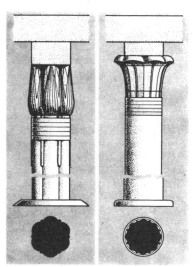

【金字塔】

古埃及石造帝王陵墓。造型為四角錐，四面分別面向東西南北四個方位。陸上建築由石灰岩或花崗岩堆砌而成，地底設有墓室，墓室內放置法老王與王妃棺木。北側闢有通道以通往墓室。金字塔最初由階梯金字塔發展而來。最古老的埃及金字塔——階梯式金字塔位於薩卡拉，便是由六層梯形石槨堆疊而成。埃及第三王朝（西元前 2800 年）至第十七王朝（西元前 1600 年）之間興建的金字塔，以及世代相隔甚遠的後代子孫於蘇丹興建的金字塔共計六十餘座，其中以位於吉薩的三大金字塔最為著名。除了埃及，崇拜太陽的馬雅文明也有金字塔建築。

吉薩　埃及古都，位於埃及東北部，尼羅河西岸，距離開羅約五公里。吉薩市西方約 8 公里處，就是埃及古王國時代的古夫王、卡夫拉王、門考拉王等歷代法老王的金字塔，以及人面獅身像等建築遺址，因此吉薩為埃及著名的觀光景點。

阿努比斯

阿努比斯　以胡狼之姿現世的陵墓守護神。打從埃及製作木乃伊的時代開始，阿努比斯就已經被尊奉為木乃伊製作之神。

【人面獅身像】

擁有人面、獅身，以及一對翅膀的怪獸雕像。在古埃及或亞述等古代帝國，人面獅身像為帝王或神明的權力象徵，舉凡神殿、皇宮、帝王陵墓等處的入口或參拜道路，皆可見到人面獅身像。世界上最大的人面獅身像位於吉薩，全長約 73 公尺，高約 20 公尺。

希臘神話中，伊底帕斯解開了人面獅身獸斯芬克斯的謎題：「上午四足、下午二足、夜晚三足的動物是什麼？」

（註：答案是「人」）

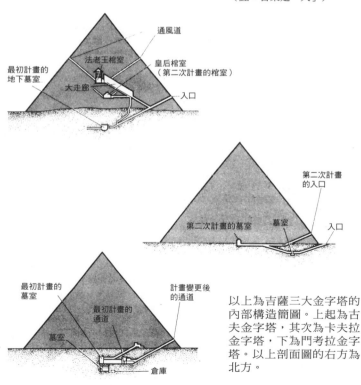

（上圖）通風道、法老王棺室、皇后棺室（第二次計畫的棺室）、最初計畫的地下墓室、大走廊、入口

（中圖）第二次計畫的入口、第二次計畫的墓室、墓室、入口

（下圖）最初計畫的墓室、最初計畫的通道、計畫變更後的通道、墓室、倉庫

以上為吉薩三大金字塔的內部構造簡圖。上起為古夫金字塔，其次為卡夫拉金字塔，下為門考拉金字塔。以上剖面圖的右方為北方。

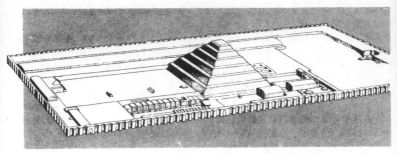

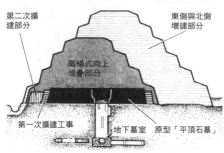

第二次擴建部分

東側與北側增建部分

階梯式向上堆疊部分

第一次擴建工事

地下墓室

原型「平頂石墓」

上圖為階梯式金字塔建築群的復原圖。聖地有長544.9公尺、寬277.6公的外牆環繞，內設祭殿、供養殿等附屬設施。

左圖為階梯式金字塔的剖面圖。藉由此圖可了解金字塔從原型，即平頂石墓開始的建造過程。

阿蒙·拉

薩卡拉　距離開羅南方25公里，位於尼羅河西岸台地上的墓地，可眺望古埃及首都孟菲斯，階梯式金字塔錯落分布。

阿蒙神　古埃及主神。中王國時期，隨著底比斯城興起而受備受尊崇，之後又與昔日的太陽神「拉」合為一體，成為最受崇敬的眾神之王，且被尊稱為阿蒙·拉。新王國時期，阿蒙神廟與祭司團擁有莫大的權力，曾經成功抵制阿蒙霍特普四世的宗教改革。位於卡奈克的阿蒙神廟遺跡最為人熟知。

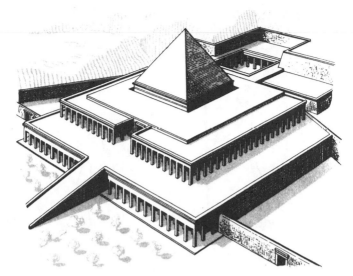

埃及帝王陵 孟圖赫普特二世（第十一王朝）的祭殿復原圖。位於德爾・巴赫利。

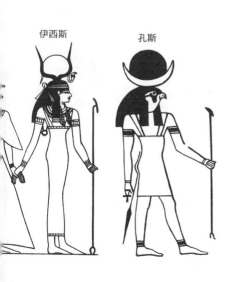

伊西斯　　　　　孔斯

伊西斯　埃及最受尊崇的女神。冥王歐西里斯的妹妹與妻子，荷魯斯之母。祂讓死去的歐西里斯復活，並將孤兒荷魯斯養育成人。荷魯斯長人後為父親復仇。伊西斯信仰為起源於尼羅河三角洲，象徵物產富饒的尼羅河流域的土壤（註：即埃及信仰中的大地之母）。也成為古希臘羅馬時代的普遍信仰。

孔斯　月神。眾神之王阿蒙・拉與姆特女神之子。與父母親並稱為底比斯三柱神。

瑪特 主掌正義與真理的女神。形象為頭頂以鴕鳥羽毛（象徵真理）裝飾的女性。在冥王歐西里斯的仲裁法庭中占有一席之地。

哈索爾女神

瑪特

哈索爾 荷魯斯之母，另一說為荷魯斯之妻。孕育世界的天界母牛，常以牛面現身。廣受埃及民眾崇拜的愛與歡喜女神，地位僅次於伊西斯。在希臘神話中，相當於愛與美的女神阿芙蘿黛蒂。

賽克邁特 布塔之妻。外型為母獅面孔。展現拉神憤怒的女瘟神，同時也是醫生的守護神。

姆特 古埃及神話中的女神。阿蒙神的妻子。與丈夫阿蒙神、兒子月神孔斯並列為底比斯三柱神。

姆特

賽克邁特女神

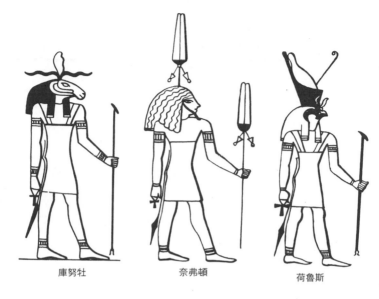

庫努牡　　　　　　奈弗頓　　　　　　　　荷魯斯

奈芙蒂斯

荷魯斯　古埃及主神，也稱為天空神、鷹神。冥王歐西里斯與伊西斯女神之子，殺了賽特為父報仇之後登上王位。原本只是尼羅河三角洲的地方神祇，後來因為信徒統治全埃及而躍升為埃及主神。古埃及法老皆以荷魯斯之名登基。埃及人稱還在伊西斯懷抱中的荷魯斯為 Harpokratcs，即幼兒荷魯斯之意。

奈弗頓　布塔之了。與母親賽克麥特並列為孟菲斯三柱神。相當於希臘神話中的普羅米修斯。

庫努牡　尼羅河源頭守護神與造物神，外型為公羊頭人身，尼羅河上游的厄勒芬廷地方神祇。

奈芙蒂斯　歐西里斯的妹妹、賽特之妻，阿努比斯之母。因背棄丈夫賽特保護歐西里斯與伊西斯夫婦，而被尊奉為「死者守護神」。

【平頂石墓】

埃及早期王朝時期的王侯貴族墳
墓。埃及原名因墓的外觀形似接
待賓客用的長椅（埃及文音譯
Mastaba）而得名。以磚塊或石塊
砌築成石榔，平面基地為矩形，
死者則葬於地下墓室中。

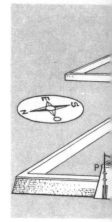

卡納克神廟
的鳥瞰圖

平頂石墓　上為第三王朝的平頂
石墓剖面圖。據推定為法老王卓
瑟王之墓。有斜坑可通達墓室。
下為第四王朝的平頂石墓的外
觀。前方為兩座平頂石墓的豎井
構造示意圖。

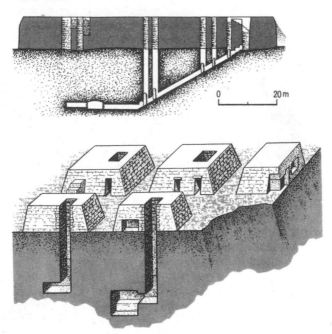

0　　　　　20 m

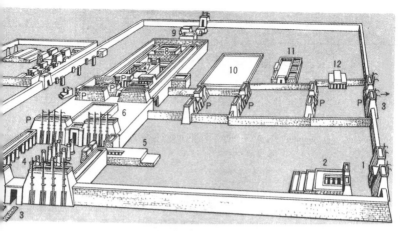

1. 托勒密三世之門　2. 孔斯神廟　3. 人面獅身大道　4. 阿蒙神廟、塔哈爾卡圓柱豎立的大中庭　5. 拉美西斯三世的祭殿　6. 拉美西斯二世的列柱大廳　7. 第十八王朝建築群　8. 圖特摩斯三世的建築　9. 拉美西斯二世的建築　10. 聖湖　11. 供物倉庫　12. 阿曼赫特普二世的祭殿

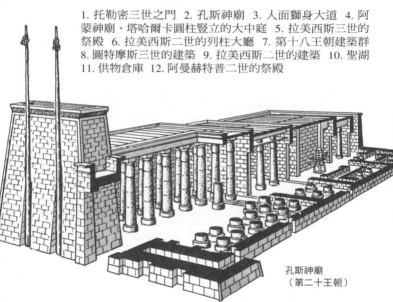

孔斯神廟
（第二十王朝）

卡納克神廟　位於埃及古都底比斯的卡納克。中心建築阿蒙神廟，最初是由古埃及中王國第十二王朝的阿蒙埃姆哈特一世所興建。聖地經後世歷代法老擴建後占地極廣，長達 1400 公尺，寬達 560 公尺。人面獅身像成列聳立於參拜道路兩側，巨大圓柱環繞大廳，還有其他法老王興建的神廟也座落於此，在在顯示卡納克神廟為古埃及極盛期的祭政中心。

上　位於烏魯克的聖塔

下　位於巴比倫的聖塔

【聖塔】

美索不達米亞地區或埃蘭等古代諸城在方形基地上建造的層塔，塔頂設有神殿。美索不達米亞地區已發現二十餘座聖塔遺跡。《舊約聖經》的〈創世紀〉中稱巴比倫的聖塔為巴別塔。

烏爾　位於幼發拉底河下流左岸，古代巴比倫帝國首都烏爾城的遺址。西元前4000年，烏爾首度出現擁有彩陶製作技術的原始文明。該地文明雖因洪水氾濫一度消失，卻又在500年後復甦，形成城邦。目前於第一王朝（西元前2500年至前2400年）的王陵中發現多名殉葬者。烏爾自第三王朝（西元前約2050年至前1950年）時，再度統一巴比倫全域，並促成蘇美人與阿卡德人之間的文化與民族融合，為後來的漢摩拉比大帝奠下大一統的根基。

烏魯克城位於現今伊拉克的南部，
為巴比倫帝國的重要都市遺址。聖
塔共八層，最上層為神殿，由上而
下數來的第二層是知名的白神殿。
自巴比倫帝國開始，便已發展出城
牆、神殿、聖塔等建築。

烏魯克白神殿的復原圖
上圖為平面圖，下圖為側視圖

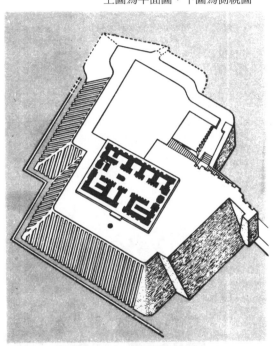

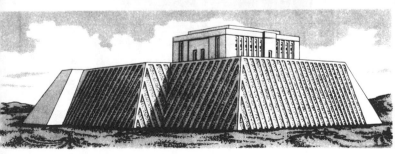

【印度河流域文明】

西元前 3000 年至前 1500 年間，在印度河流域興起的古代都市文明。具代表性的城市遺跡有哈拉帕城與摩亨佐—達羅城。以上兩座都市都依照都市計畫興建，規模龐大。城市外部築有城牆，城內道路兩旁築有排水設施，磚房民宅在道路兩側林立，另有其他公共設施如公共澡堂、市場與倉庫等。印度河流域文明發展出統一的度量衡，公共社會秩序似乎運作良好。當地的農作以小麥與大麥為主，並且畜養牛、水牛與羊等。當地人也擅長陶器製作，懂得利用銅製或青銅製利器。關於當地人種有數種說法，普遍認為是達羅毗荼人。與東方文明擁有若干共同點，但印度河流域文明王權並不兼具宗教權威，且主權屬於市民社會，是與東方文明的主要相異處。印度河流域文明發展至西元前 2000 年時因印度河氾濫而衰落，最後亞利安人入侵而完全消滅。

【摩亨佐—達羅城】

遺址位於今巴基斯坦的信德省，與哈拉帕城並列印度河文明城市遺址的兩大代表。1922 年，考古學家巴納・路吉與約翰・馬歇爾帶隊挖掘遺跡發現此城。略去遭到河川破壞的外圍部分不計，城市規模推定約為 1.6 平方公里，街道呈東西、南北向，下水道系統通暢，一般認定為依照都市計畫興建，井然有序。民間住宅多為磚造房舍，普遍擁有浴室與水井。市區有公共大澡堂、集會所等公共設施。當地出土文物除了文章、彩陶、銅器、青銅器、金屬製身體裝飾品、人物與動物造型的泥像之外，尚有大量的方形印章。印章上雕刻有象形文字，可惜至今未能成功解讀。

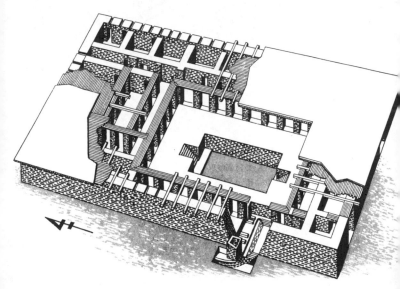

【哈拉帕城】

遺址位於巴基斯坦東部的旁遮普省，鄰近印度河支流拉維河，與下游城市摩亨佐—達羅並列為印度河文明兩大城市遺址。存在時期為亞利安人入侵前，西元前2500年至前1500年間。考古學家在1920年進行挖掘並展開調查，發現城門、住宅、磨坊、倉庫等建築遺跡，以及二座墓園。出土文物有彩陶、銅器、青銅器、石器、印章等。以上文物與遺跡皆為協助了解印度河文明的最佳線索。

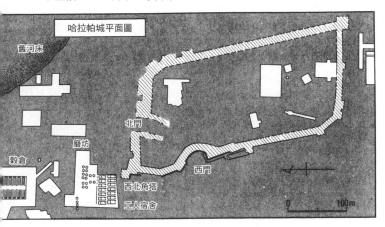

哈拉帕城平面圖

舊河床

北門

磨坊

穀倉

西北角塔

工人宿舍

西門

0　　　　100m

左頁　摩亨佐—達羅城遺址的大型公澡堂遺跡復原圖。中央為浴池，浴池南北皆設有階梯。浴池為石膏接縫的磚造建築，內側壁面上塗有防水的瀝青。

哈拉帕城遺址　上圖為哈拉帕城平面圖，下圖為西北隅的穀倉復原圖。如圖所示，穀倉由兩列建築物構成，每列建築物各擁有六棟屋舍。前方外牆面上的三角孔為通風孔。

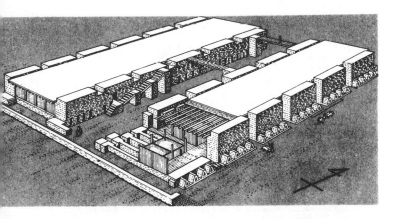

【美索不達米亞平原】

位於西亞底格里斯河與幼發拉底河的中下游流域，肥沃月彎之東，相當於今日伊拉克的中心地帶。美索不達米亞源自希伯來文，為「兩河間的土地」之意。西元前 3000 年時，曾發展出高度都市文明，為全世界最古老文明的發源地。西元前 2000 年時，巴比倫文明、亞述文明（以及美索不達米亞文明）隨蘇美人到來而展開。時至今日，美索不達米亞平原依然是當地的穀倉，地位甚為重要。

右頁 上圖 巴比倫於尼布甲尼撒時代的都市復原圖。
前方為幼發拉底河，河上建有大石橋，城牆內側為神廟聖地。右手邊為馬杜克大神廟，聳立於左手邊者為聖塔。位於大神廟對面、往左右而行者為遊行大道，

巴比倫尼亞 以巴比倫為中心的地區。狹義指美索不達米亞南部，廣義泛指包含亞述在內的美索不達米亞。此地區文明由蘇美人開創，民族與語言則由閃語族（註：閃語包括希伯來語、阿拉伯語等）的阿卡德人所創立。烏爾第三王朝滅亡（約西元前 2000 年）

左方通往伊什塔門（註：伊什塔為掌管戰爭、豐收與愛情的女神）。與遊行大道垂直相交深處的對面為馬杜克大道。

右頁下圖 薩貢二世城堡正門的正面復原圖。左右二側有人面獅身像。位於科爾沙巴德城內。

亞述 以亞述城為中心的美索不達米亞北部地方。西元前 2000 年左右，亞述帝國崛起，歷經數次盛衰，在西元前七世紀初統一了包含埃及在內的東方世界。亞述帝國的首都為尼尼微城，王宮的珍藏品網羅了東方所有的美術工藝，而尼尼微圖書館更堪稱為典藏東方文明的知識寶庫。西元前 612 年，因帝國內各地起義不斷與遭受北方民族入侵而滅亡。從各種方面來看，亞述帝國都稱得上「東方羅馬」。

起至漢摩拉比王朝時代（西元前 1800 年至前 1700 年），統稱為古巴比倫時期。

下圖 尼尼微城出土的浮雕。描述亞述國王亞述巴尼拔刺殺獅子的情景。

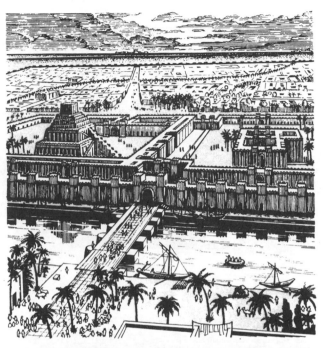

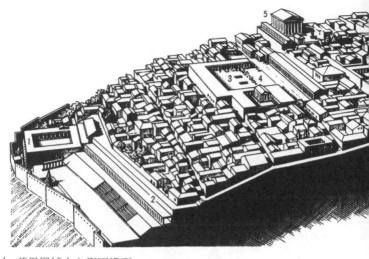

上 普里恩城中心復原模型

1. 體育館（競技場） 2. 跑道 3. 廣場 4. 宙斯神廟
5. 雅典娜神廟 6. 劇場

【普里恩城】

位於小亞細亞西岸南部，古希臘在愛奧尼亞地區的殖民城市。愛奧尼亞十二城市之一，也是希臘七賢中畢亞斯的出生地。根據相關遺跡推測，普里恩城於西元前四世紀重建，為古代城市中設施最完備的城市。愛奧尼亞人遷居至愛奧尼亞地區之後，先後發展出米利都、艾菲斯等城市，西元前七世紀以後又相繼在海外設立許多殖民城市。

【帕加馬城】

位於小亞細亞西岸，希臘時代興起的古代城邦。西元前三世紀時脫離波斯獨立，成為安納托利亞王朝的繁華首都。希臘文化發展的主要據點之一。帕加馬城內著名的建築物有大型圖書館（規模僅次於亞歷山卓圖書館）、帕加馬式大理石浮雕祭壇等。

左 帕加馬城
帕加馬衛城中心復原圖，左前方為宙斯祭壇，中景建築物為雅典娜神廟，遠景中央處為圖拉真神廟。沿雅典娜神廟所在山崖而下可見一劇場。

古希臘時代的長外袍，一般穿在麻質襯衣之外。

廣場 位於古希臘城邦中央，市民日常生活與經濟活動的中心。廣場四周有柱廊，柱廊下有政治廳、公共建築物、店鋪等設施，是市民議論政治、討論學術的集會場所。相當於羅馬的議事場。

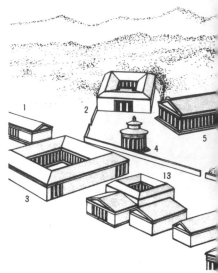

上　奧林匹亞城復原圖（西元前三世紀左右）　1. 競技場 2. 市政廳 3. 格鬥場 4. 菲利普紀念塔 5. 赫拉神廟 6. 珀羅普斯神廟 7. 宙斯神廟 8. 寶庫 9. 賽跑操場 10. 妮姬神像 11. 議事廳 12. 迎賓館 13. 克洛諾斯之丘（祭司住房寶庫後方的山丘）

希臘　愛吉娜島上的艾菲亞神殿（西元前五世紀，多立克柱式建築）

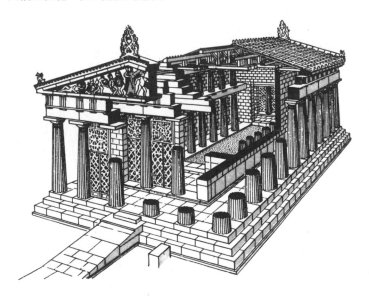

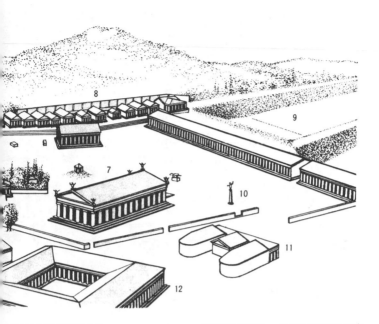

【奧林匹亞城】

位於希臘厄利斯地方南部，祭拜宙斯的宗教中心。因古代奧林匹克運動會在此舉行而舉世聞名。城內有許多獻給宙斯神的建築與雕刻等藝術品。1875 至 1881 年間，由德國政府的考古隊揭開其神祕面紗。希臘文稱聖地為 Altis。宙斯神廟為當地建築家利本在西元前 470 年至前 460 年間所興建，搏風板與排檔間飾為著名的雕刻遺蹟。據說菲迪亞斯所雕刻的黃金與象牙宙斯神像就安置在宙斯神廟內廳。

古希臘長跑者

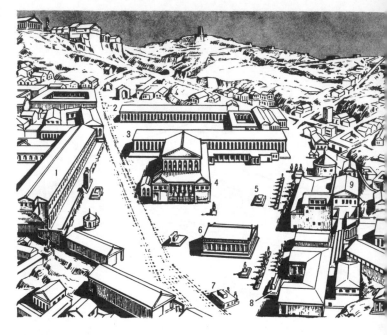

【衛城】

古希臘大都市中建築在丘陵高地的城鎮。衛城內有供奉城鎮或都市守護神的神廟，作為宗教與政治中心。在非常時期，衛城更可當作軍事要塞。雅典、阿戈斯、柯林斯與底比斯的衛城均是著名衛城。

雅典的衛城興建於海拔高度約150公尺，東西約300公尺，南北約150公尺的石灰岩質山丘上。雅典衛城原本築有城牆與雅典娜神廟，一度毀於波斯戰爭之中，直至雅典將軍泰米斯托克利與奇蒙下令修築城牆，之後在伯里克力時代至西元前五世紀末期間，名雕刻家菲迪亞斯與建築家伊克提歐斯等人聯手修復才得以恢復原貌。帕德嫩神廟、艾雷克提歐神廟、勝利女神妮姬神廟等希臘建築的精華就在雅典衛城之

中。雅典衛城南麓的劇場與神廟為希臘最珍貴的歷史古蹟。

【帕德嫩神廟】

興建於雅典衛城所在山丘，供奉古希臘女神雅典娜。西元前447年動土，西元前432年完工，為建築師伊克提諾斯與卡利特瑞特聯手興建的建築作品。神廟基地長31公尺，寬69公尺，採用多立克式圓柱，古希臘建築代表作之一。神廟內部所有雕刻作品都是在菲迪亞斯的指導之下完成，堪稱希臘古典雕刻藝術精華。據說，菲迪亞斯本人雕刻的雅典娜神像就安置在內殿中。可惜，1687年土耳其與威尼斯共和國交戰，毀壞了菲迪亞斯的鉅作，目前所見的雅典娜雕像為復原後的作品。

左 希臘的廣場 此圖為西元200
年的希臘廣場復原圖。廣場周圍
有阿塔羅斯柱廊（1）、南列柱廊
（2）、中央列柱廊（3）等柱廊
環繞，附近還有音樂廳（4）或議
事堂（9）等主要建築物聚集。
（5）為祭壇，（6）為阿瑞斯神廟，
（7）為十二神祭壇，（8）為祭
壇。左上道路是貫通廣場的道路，
也是聯絡衛城的道路。

下 雅典的衛城 1. 雅典娜暨妮姬
神殿 2. 阿格里帕將軍紀念碑 3.
繪畫收藏館 4. 山門（樓門） 5.
月神阿蒂密斯聖所 6. 青銅器室
7. 衛城入口（前門） 8. 帕德嫩
神廟 9. 羅馬暨奧古斯都廟 10.
雅典王潘狄翁聖所 11. 宙斯聖殿
12. 祭拜雅典娜女神的祭壇 13.
舊雅典娜神廟遺跡 14. 雅典王艾
瑞克提翁廟 15. 潘多索神廟、聖
橄欖樹 16. 侍女住所 17. 雅典娜
神像（菲迪亞斯的作品） 18. 住
宅或倉庫

右 帕德嫩神廟平面圖

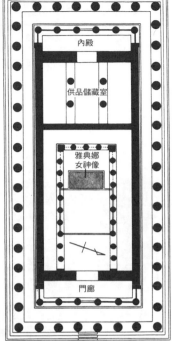

內殿

供品儲藏室

雅典娜
女神像

門廊

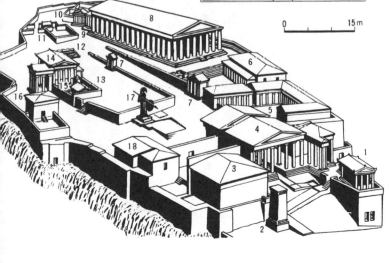

0   15m

下　小亞細亞南部塞利努斯城。在古希臘羅馬時代，自然形成的城市通常缺乏秩序，只有新建設或重新建設的都市才能井然有序。以塞利努斯城為例，東西、南北向道路垂直相交，如同棋盤格一般井然有序，市場中央與東側都有廣場，廣場四周有祭壇、神廟等建築物，儼然為都市核心。

右頁下圖　邁錫尼文明遺跡——圓形墓園的復原圖。中央偏上的城門就是獅子門。

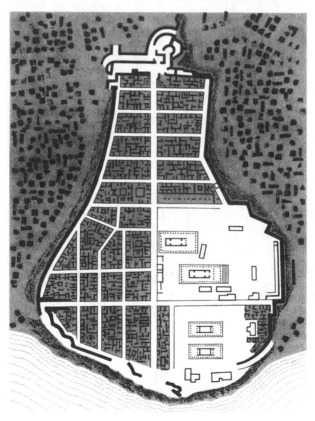

【邁錫尼古城】

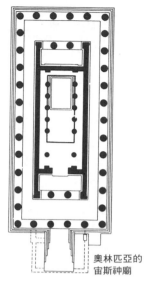

奧林匹亞的
宙斯神廟

位於希臘的伯羅奔尼撒半島，緊鄰阿戈斯平原且為群山環繞的要塞，同時也是邁錫尼文明的核心地帶。邁錫尼文明為愛琴文明後期的青銅器文明，是希臘人在西元前 2000 年左右南下，受克里特文明影響後發展出的文明。西元前 1500 年，邁錫尼人箝制克里特島，掌握東地中海的海上交易權，成為愛琴海域的霸主。邁錫尼衛城所在的丘陵以巨石砌築的護城牆環繞，護城牆的主門稱為獅子門。世人原以為邁錫尼國王阿特柔斯的寶庫，與其子阿加曼農發動特洛伊戰爭只是傳說，然而 1876 年德國考古學家海因里希・施里曼發現豎穴式王陵，以及王陵內的黃金面具、裝飾品、寶劍等文物，傳說獲得了實證。西元前 1600 年至前 1100 年為邁錫尼文明的全盛時期，後因多利安人入侵而滅亡。

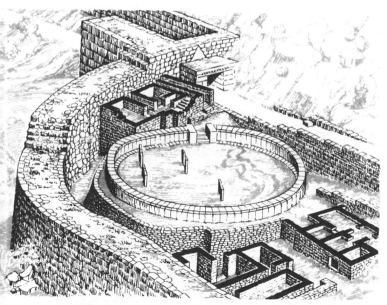

【摩索羅斯王陵】

位於古希臘城邦哈卡那蘇斯（註：今址於土耳其博都如姆），波斯皇帝派駐卡里亞地區的總督摩索羅斯（Mausoleum）的陵墓，為古代世界七大奇景之一。在摩索羅斯王生前便開始興建（卒於西元前353年），後由王妃阿爾特米西亞與其他王族接手才完工。基座上柱廊環繞，屋頂為金字塔造型，橫飾帶上雕刻古希臘人與亞馬遜人的戰爭情景，整體建築極為宏偉。今日英文陵墓（mausoleum）一詞便是源於摩索羅斯王的名字。

【卡拉卡拉浴場】

西元前三世紀中，羅馬皇帝卡拉卡拉在羅馬市內興建的公共浴場。位於古羅馬廣場的南邊，可容納1600人。佔地長220公尺、寬114公尺，中央浴池群周圍有庭園、遊樂區、圖書室等設施，是羅馬市民的娛樂中心。壁面有馬賽克拼貼，並採用大理石材，整體建築氣勢宏偉壯麗。卡拉卡拉皇帝在西元217年遠征東方時不幸遭人暗殺。

右頁上圖　卡拉卡拉大浴場平面圖　1. 冷水浴池　2. 等候室　3. 脫衣室　4. 入口大廳　5. 柱廊式中庭　6. 熱水浴池　7. 蒸汽浴室　8. 等候室　9. 溫水浴池　10. 演講室暨圖書室

右頁下圖　卡拉卡拉大浴場一景冷水浴池的平面圖。

摩索羅斯王陵墓復原圖

基座長約33公尺，寬約39公尺；廊柱共有36根柱子。

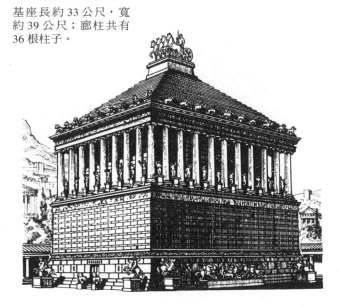

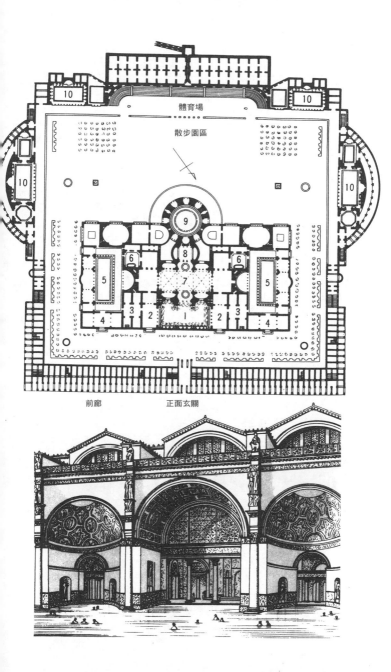

體育場

散步園區

10

10

10

9

8

6

6

5

5

7

3

2

2

3

4

4

1

前廊　　　　　正面玄關

【巴西利卡】

古羅馬人充當法庭、洽商等公共集會用途的公共建築。基地平面為長方形，中央部分為中殿與側廊兩區，中殿內部有突出平面的半圓壁龕。基督教發展初期的基本教堂結構便是遵循巴西利卡的建築樣式，後來成為教堂建築的基本形式之一。

【古羅馬廣場】

位於羅馬的卡比托利歐山、帕拉蒂尼山、奎利那雷山、與埃斯奎利諾山四座丘陵之間的平地。周圍有灶神廟、天神朱庇特神廟與其他各種公共建築。西元前八至前七世紀時，羅馬人將此廣場當作市場。西元前三世紀開始，羅馬人將此廣場當作公民廣場，一度成為古羅馬當代的政治與宗教中心，在巴西利卡出現以後就逐漸沒落。

右頁上圖

古羅馬廣場 1.灶神廟 2.凱薩神廟 3.羅馬廣場 4.凱薩廣場 5.圖拉真廣場 6.奧古斯都廣場 7.涅爾瓦廣場 7.維斯帕先廣場

巴西利卡 下圖為君士坦丁巴西利卡

廣場 古羅馬人常在城市中興建廣場。廣場周圍柱廊、集會館、神廟、商店林立，為古羅馬的政治暨經濟中心。

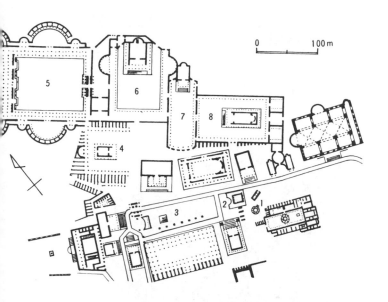

下圖為由東方眺望所見的廣場復原圖。前方的
圓形殿堂為灶神廟，內側為築有柱廊的古羅馬
廣場。左上方的建築物為朱庇特神廟。

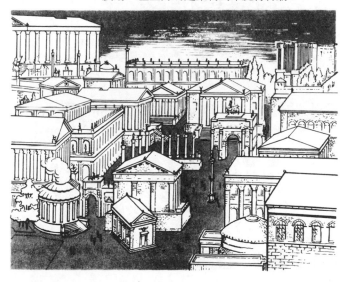

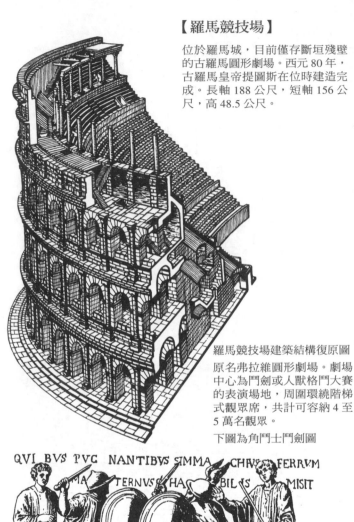

【羅馬競技場】

位於羅馬城，目前僅存斷垣殘壁的古羅馬圓形劇場。西元 80 年，古羅馬皇帝提圖斯在位時建造完成。長軸 188 公尺，短軸 156 公尺，高 48.5 公尺。

羅馬競技場建築結構復原圖

原名弗拉維圓形劇場。劇場中心為鬥劍或人獸格鬥大賽的表演場地，周圍環繞階梯式觀眾席，共計可容納 4 至 5 萬名觀眾。

下圖為角鬥士鬥劍圖

QVI BVS PVG NANTIBVS SIMMA CHVS FERRVM
MA TERNVS HA BIL S MISIT

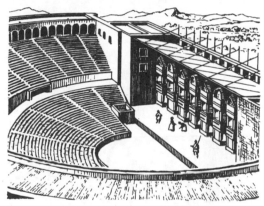

上圖為位於古希臘的埃皮達魯斯圓形劇場

下圖為小亞細亞（今土耳其）阿斯班多斯殘存的古羅馬劇場

【圓形劇場】

半圓形舞台，擁有後台或背景，三面環繞階梯式觀眾席的建築物。古希臘的戶外劇場為世界上歷史最悠久的圓形劇場。

【龐貝城】

位於義大利南部，臨近拿坡里灣的古代都市遺跡。龐貝城於西元前六世紀興起，起初為俄斯克人的聚落，後來被羅馬統治，成為羅馬人的別墅勝地。西元79年，龐貝城與赫庫蘭尼姆城同時因火山爆發而遭火山灰掩埋。1860年展開系統性的龐貝城考古行動，當年的石道、神廟、大小共兩座圓形劇場、民宅、商店、工坊等重見天日，成為後人了解當代壁畫、馬賽克拼貼、家具、陶器等工藝與生活面貌的珍貴線索。

右頁　龐貝古城地圖

1. 往祕儀莊 2. 戴歐米德斯之家 3. 外科醫生之家 4. 富商威提之家 5. 執政官潘薩之家 6. 悲劇詩人之家 7. 牧神之家 8. 公共浴場 9. 阿波羅神廟 10. 朱庇特神廟 11. 中央廣場 12. 市場 13. 歐馬齊婭樓 14. 麵包店 15. 中央浴場 16. 史塔比尼浴場 17. 維納斯神廟 18. 三角廣場 19. 大劇場 20. 小劇場 21. 角鬥士宿舍 22. 琪塔拉琴演奏者之家 23. 洗衣店 24. 酒吧 25. 梅德羅蘭之家 26. 馬可仕・羅瑞・蒂布蒂諾之家 27. 維納斯之家 28. 茉莉亞・斐儷伽莊園 29. 大體育館 30. 圓形競技場

龐貝城出土的青銅製廚具 1. 火架與鍋子 2. 10. 19. 21. 炊煮器具 3. 4. 桶子 5. 16. 酒罐 6. 8. 平底鍋 7. 15. 點心烘焙器具 9. 20. 餐桌用匙子 11. 17. 杓子 12. 水壺 13. 雙耳鍋 14. 點心模型 18. 烹調湯匙

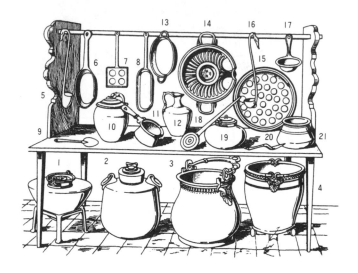

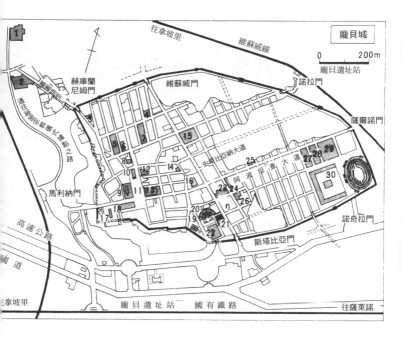

龐貝城

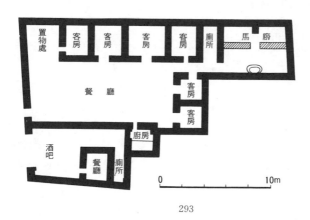

羅馬旅館平面圖 附馬
廄。龐貝城遺跡復原圖
（西元一世紀）。

下　波斯波利斯城平面圖

1. 王宮土壇入口階梯　2. 薛西斯王宮宮門　3. 觀見廳　4. 御座殿（百柱殿）　5. 大流士一世的皇宮　6. 議事殿　7. 後宮　8. 寶庫　9. 薛西斯的皇宮　10. 北方要塞

【波斯波利斯城】

自大流士一世起的阿契美尼德王朝期間的古代波斯帝國首都。興建於西元前 518 年至前 460 年，氣勢宏偉壯觀，可惜在西元前 330 年，因亞歷山大大帝焚城而成廢墟。位於伊朗南部色拉子東北約 60 公里處，至今仍殘存大流士一世、薛西斯所興建的各座宮殿遺跡。宮殿內隨處可見的浮雕充分展現了阿契美尼德王朝興盛的藝術。

現存部分
復原部分

上　波斯波利斯城內皇帝御座殿（俗稱百柱殿）的內部復原圖

大流士一世　西元前 558 年至前 486 年。波斯帝國阿契美尼德王朝的君主之一，世稱大流士大帝。大流士大帝身為皇室的旁系，即位後雖有部分貴族起兵叛亂，但一一遭大流士大帝平定。該戰事記載在貝希斯敦銘文中。大流士大帝創設州政府，設置太守，奠定波斯帝國的中央集權制度，同時也整備稅制、幣制與兵制，此外他還著手興建波斯波利斯城，完成蘇薩至薩迪斯之間的聯絡路徑。在位期間他一直企圖征服希臘，但遠征卻屢遭失敗。

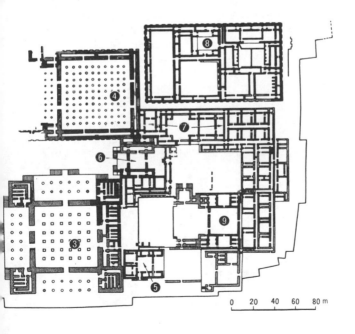

0　20　40　60　80 m

【馬雅文明】

馬雅人分布於墨西哥南部的猶加敦半島，相當於今日瓜地馬拉、宏都拉斯等國境內，屬於美洲印地安人的一支。使用馬雅語。關於馬雅人自何處來，以及馬雅文明與墨西哥至祕魯一帶的更早期文明之間有何關連等問題，至今尚無明確答案。馬雅文明最初以瓜地馬拉高地為中心向外拓展，在西元 300 至 800 年間，從南墨西哥到瓜地馬拉、宏都拉斯一帶的熱帶雨林低地上，陸續興建蒂卡爾城、科潘城、卡拉克穆爾城等大型城邦。最具代表性的馬雅文明遺跡與文物有環繞廣場的神廟群、太陽金字塔、記錄年代的石柱、象形文字、優美的彩色陶器等。約自西元 900 年起，馬雅文明迅速衰敗，馬雅人先後拋棄各神廟與都市，往北猶加敦半島遷徙，後來受托爾特克文明影響，在奇琴伊察興建首都，建立帝國。而後，猶加敦半島遭墨西哥人入侵，在馬雅潘建都的科科姆王朝在十五世紀後半滅亡，使得馬雅人的政治勢力潰散，最後在十六世紀西班牙人入侵之後完全滅亡。

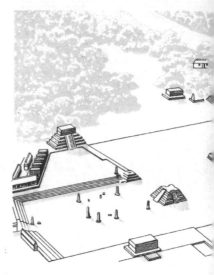

科潘城中央復原圖。A 為球場，B 為象形文字梯，C 為神廟。鄰近河川為科潘河。

馬雅諸神　右起為誕生女神、北星女神、人祭神、死神、自殺神

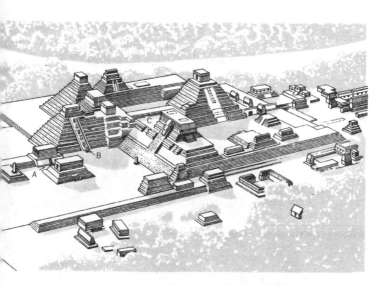

【科潘城】

位於宏都拉斯西部，馬雅文明遺址。市中心由包含金字塔與神廟的衛城與五座廣場組成，由周圍設施可見馬雅文明首屈一指的人像雕刻、為數眾多的象形文字，以及刻有嚴謹曆法的石碑群等古文物。

阿茲特克文明的
圖畫文字

右　巴別塔復原圖
由德國人科得威率領的考古
隊發現
下　巴別塔
摘自《法國百科全書》

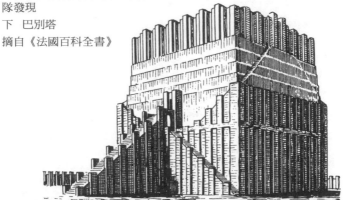

【巴別塔】

《舊約聖經》中〈創世紀〉第
十一章提及的巨塔。該篇章記
載，上帝耶和華為了阻撓人類合
力興建通天巨塔的計畫，於是混
亂人類的語言，並且將人類分散
各地。據推測，德國人科得威率
領考古隊在巴比倫發現的聖塔可
能正是巴別塔的起源。該塔其中
一底邊長逾 90 公尺，據推測為
七層塔。

音樂、樂器

黃道十二星座
摩羯座

【樂器】

能夠發出聲音的器具。西洋樂器分為弦樂器、管樂器與敲擊樂器三大類。

希臘學校的教學情景

左側為音樂教學，右側為詩文教學（取自西元前470年的器皿圖繪）

【小提琴】

屬於弓弦樂器，管弦樂或室內演奏的主要樂器。共有四條弦，兩弦的音程均相差五度，以中央 C 音下的 G 為最低音。演奏者將全長約 60 公分小提琴架在左肩上，左手四隻指頭按弦，右手持長約 75 公分的琴弓（由馬尾毛製成），拉弓擦弦便可奏出樂音。小提琴的音域約在三個八度音半至四個八度音之間，表現能力極佳。小提琴最基本的演奏技法為左手掌握按弦點，按出正確的音程，同時適當震動琴弦，右手流暢運弓。特殊演奏技法則有撥奏與泛音等。關於小提琴的起源眾說紛紜，一般認為誕生於十六世紀後半，約至十七世紀時才確立形式，並取代中提琴成為主流樂器。小提琴與中提琴的不同處在於，小提琴擁有凸起的琴身、連結正面的音響板與背的音柱、f 字形音孔、四條弦等，但無定音檔。在結構上，小提琴與中提琴、大提琴、低音提琴同屬於提琴族。十六至十八世紀期間，著名的製琴家族有義大利阿瑪蒂家族、瓜奈里家族以及史特拉迪瓦里家族。

小提琴的各部位名稱

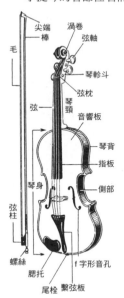

尖端棒
渦卷
弦軸
毛
琴軫斗
弦枕
弦
琴頸
音響板
琴背
指板
琴身
側部
弦柱
螺絲
腮托
f 字形音孔
尾栓
繫弦板

中提琴　提琴族的弓弦樂器。比小提琴低整整五度音，在合奏中屬於中音部。特徵是音色較小提琴低沉。

【弦樂器】

以震動弦線來發音的樂器。依發音方法分為弓弦樂器（例如小提琴）、撥弦樂器（例如吉他）與擊弦樂器（例如鋼琴）。

各種提琴的大小。左起為低音提琴、大提琴、中提琴、小提琴。

大提琴　提琴族的弓弦樂器。共四條弦，弦音較中提琴低一個八度音；也有五弦的種類。演奏時，演奏者將琴身夾在兩膝之間，最下端有腳棒支撐琴身。音域寬廣，音量宏大，因此巴洛克時期以後出現許多大提琴的獨奏曲，是重要的演奏樂器之一。

弦　弦樂器的弦。由腸線、合成纖維、鋼線或銅線絲製成。

大提琴各部位名稱

琴軫斗　弦軸
琴頸
弦　指板　弓
音孔
繫弦板　弦馬
音響板　側板
弦柱
紐柱
琴腳

《格利果聖歌》的編曲者教宗格利果一世邊演奏單弦樂器獨弦琴，邊口授聖歌的情景（1241年的摹本）。

低音提琴　提琴族中音域最低的弓弦樂器。長度約 2 公尺，一般為四弦，音域從 E 音起，兩弦間隔四度音，此外也有五弦，即加上 C 音的低音提琴。在管弦樂中，低音提琴較同聲部的大提琴低一個八度音。在爵士樂中，低音提琴主要的演奏方式為撥奏。

低音提琴與弓

【豎琴】

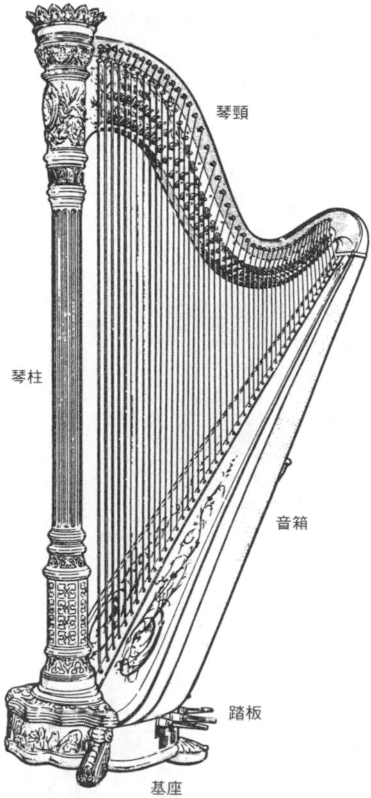

屬於撥弦樂器。全長約 1.8 公尺，音箱上有四十七條弦，弦與琴體垂直分布。豎琴演奏者必須以右肩倚靠琴體，利用兩手（小指除外）彈撥豎琴。豎琴的所有琴弦依降 C 弦（♭）全音階調弦，且基座設有七個踏板可以壓弦，演奏者將踏板踏至中段便可使各個音名升高半個音（♮），踏至下段可再升高半個音（♯），這稱為雙踏瓣，1810 年由賽巴斯汀・依拉德（Sebastien Erard）所發明。豎琴的音域寬廣、音色抒情，合奏、獨奏皆適宜。琶音與滑奏為豎琴的兩大特色。豎琴的起源為弓，世界各地都可見同族樂器且十分發達。

左圖為雙踏瓣豎琴。藉由踏瓣的三段位置，使單弦擁有原音與升、降音三種變化。

琴頸

琴柱

音箱

踏板

基座

緬甸鳳首箜篌　緬甸的豎琴族撥弦樂器。舟形琴體與長而突出的琴頸之間，繫有九至十四條絲質琴弦。演奏方法為左手扶著琴頸，只以右手彈撥琴弦。原自印度傳入，今日卻只有緬甸留存，並且以緬甸豎琴著稱。

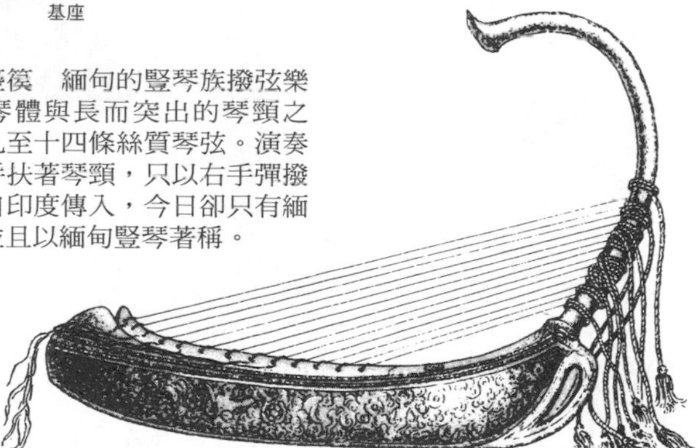

魯特琴　撥弦樂器。平行的弦線跨越音箱及與琴頸之間。西元 1400 年至 1700 年間在歐洲地區極為盛行，起源眾說紛紜，一般認為與吉他同樣源於阿拉伯的烏德琴。十六世紀標準的魯特琴，琴身類似西洋梨的剖面，弦軸箱向後反折；琴弦包含兩兩成對的五對弦，以及一條最高音弦，共計十一條弦；有琴格（註：指板上與弦垂直的突起橫柱）。演奏方式為利用手指撥奏。

魯特琴

巴拉萊卡琴　俄羅斯的民俗樂器，屬於撥弦樂器中的魯特琴族。琴身為木製，呈三角形，大小依演奏音域的不同共分為五種尺寸，配備琴格。

【吉他】

撥弦樂器。源自烏德琴。在發展過程中曾出現多種形式，現代吉他為六弦且有琴格。文藝復興時期以後，吉他演奏在歐洲，尤其是義大利、西班牙等拉丁語系國家相當流行。

巴拉萊卡琴

吉他以及演奏姿勢

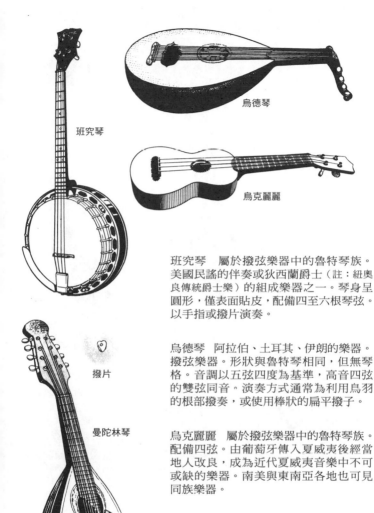

班究琴

烏德琴

烏克麗麗

撥片

曼陀林琴

班究琴　屬於撥弦樂器中的魯特琴族。美國民謠的伴奏或狄西蘭爵士（註：紐奧良傳統爵士樂）的組成樂器之一。琴身呈圓形，僅表面貼皮，配備四至六根琴弦。以手指或撥片演奏。

烏德琴　阿拉伯、土耳其、伊朗的樂器。撥弦樂器。形狀與魯特琴相同，但無琴格。音調以五弦四度為基準，高音四弦的雙弦同音。演奏方式通常為利用鳥羽的根部撥奏，或使用棒狀的扁平撥子。

烏克麗麗　屬於撥弦樂器中的魯特琴族。配備四弦。由葡萄牙傳入夏威夷後經當地人改良，成為近代夏威夷音樂中不可或缺的樂器。南美與東南亞各地也可見同族樂器。

曼陀林琴　屬於撥弦樂器中的魯特琴族。十八世紀時，由曼陀拉琴發展而來。現在的曼陀林琴為拿坡里式，調音方式與小提琴相同，為五度間隔。琴弦為複弦，共計八弦，弦為金屬製。琴身為半球體，指板上有琴格。演奏者須以右手戴義甲或手執撥片撥奏。顫音是一大特色。獨奏或合奏皆宜。

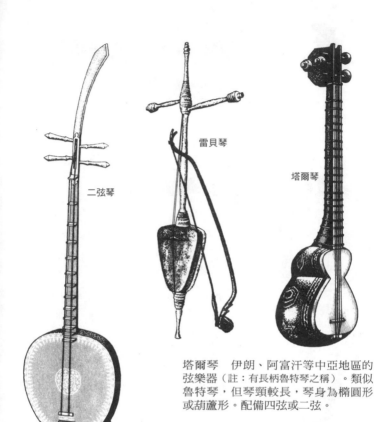

雷貝琴

二弦琴

塔爾琴

塔爾琴　伊朗、阿富汗等中亞地區的弦樂器（註：有長柄魯特琴之稱）。類似魯特琴，但琴頸較長，琴身為橢圓形或葫蘆形。配備四弦或二弦。

雷貝琴　伊斯蘭文化區的弓弦樂器。琴頸細長；琴身小而圓，表面蒙皮，下方有長柱延伸而出；採用腸弦。一或二弦以四度或五度定音。在阿拉伯、伊朗、土耳其以至印尼、泰國等地均可見。

二弦琴　泰國、柬埔寨琵琶的一種。類似中國的月琴。

鱷魚琴　泰國、柬埔寨地區的弦樂器。採用金屬三弦，琴身為木製或象牙製。

鱷魚琴

土耳其合奏音樂　最上排為兩只圓形手鼓；中排左起為弓弦琴與三把烏德琴、坎農琴；最前方為科曼奇琴。

弓弦琴

科曼奇琴　土耳其、阿拉伯、北非等地區的小型弓弦樂器。琴身為蛋形，琴弦一至三條，弦線採用腸線。

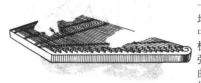

卡努琴　阿拉伯、土耳其等地的樂器。屬於撥弦樂器中的西特琴族。共鳴箱為梯形，通常配置七十八條腸弦，演奏時才依演奏曲目的曲調調弦。演奏者以兩手食指配戴義甲撥奏。

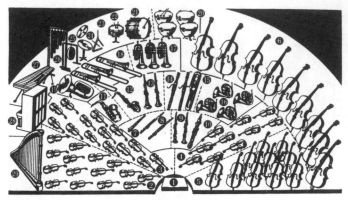

1. 指揮 2. 首席小提琴 3. 第二小提琴 4. 中提琴 5. 大提琴 6. 低音提琴 7. 短笛 8. 長笛 9. 雙簧管 10. 英國管 11. 薩克斯風 12. 低音單簧管 13. 單簧管 14. 巴松管 15. 低音巴松管 16. 法國號 17. 小號 18. 長號 19. 低音號 20. 定音鼓 21. 大鼓 22. 小鼓 23. 三角鐵 24. 鈸 25. 高音鼓 26. 管鐘 27. 木琴 28. 鋼琴 29. 豎琴

上 交響樂團的編制
右 交響樂團的總譜
摘自林姆斯基・高沙可夫的
《西班牙隨想曲》

交響樂團 由眾多樂器組成的樂團。隨著歌劇、芭蕾舞蹈演出而興盛，經歷交響樂盛行的古典時期，十九世紀，白遼士更進一步擴展交響樂的可能性。交響樂團以弦樂為主，管樂作為陪襯，敲擊樂加強節奏感，編制逾百名。

低音號 最低音的銅管樂器。可操作按鍵演奏出三個八度音，而且可奏出較低聲部，比低音部記號低八度音。低音號的尺寸與音域有數種，例如蘇沙低音號，以及形狀與音色都接近法國號的華格納低音號。

低音號

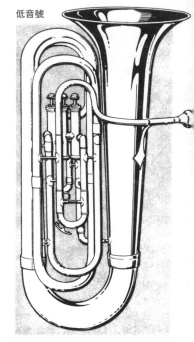

長號

長號　銅管樂器；音色渾厚，多用於管弦樂或爵士樂的演奏。演奏方式為前後拉動伸縮管，共有七個把位，代表不同音程。一般以降 B 調次中音長號、低音長號，以及雙調長號最為常見。長號是由小號演變而來的。

【銅管樂器】

管樂器的一種。將嘴唇抵在吹口並震動嘴唇，便可吹奏出樂音。現代小號或長號均為金屬製，早期的短號曾為木製或象牙製。金屬製但不屬於喇叭類的長笛或薩克斯風等樂器也稱為銅管樂器。

法國號　又稱圓號。法國號源自號角。直到在狩獵時使用號角之後，形體結構才逐漸發展，終於發展成今日長約 3.7 公尺、以金屬彎管製作並具大喇叭口的法國號。最初，號角只能發出自然的泛音，至十九世紀中葉時，拜活塞裝置與外插彎曲管之賜，才能以號角吹奏出半音音階。法國號屬於移調樂器，除了達三個八音度半的 F 調之外，還有降 B 調。現今則以同時具有 F 調與降 B 調的雙重號最為普遍。演奏者用左手按鍵，或以右手控制喇叭口，便可變化法國號的音色。法國號的音調表現豐富，為管弦樂中不可或缺的樂器。

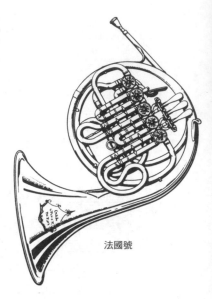

法國號

短號　銅管樂器，出現於十九世紀初期。短號擁有三個活塞，與小號相似，但喇叭管稍短。短號基本為降 B 調。短號為「小號角」之意。早期曾出現一種木製管身上附指孔的類似樂器，流行於十六至十七世紀。

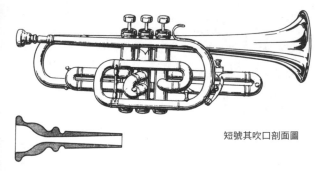

短號其吹口剖面圖

小號 銅管樂器。古代開始便統稱為喇叭。現代小號的喇叭管長接近十九世紀中葉的短號，並設有活塞。小號由管狀的伸縮管、漏斗狀吹口與前端的喇叭口組成。吹奏者可藉由三個活塞與伸縮管吹奏出三個八度音。常見的有降 B 調小號與 C 調小號。附帶一提，高音小號是十九世紀後半為了易於演奏巴洛克時期音樂而製作的樂器。

小號演奏

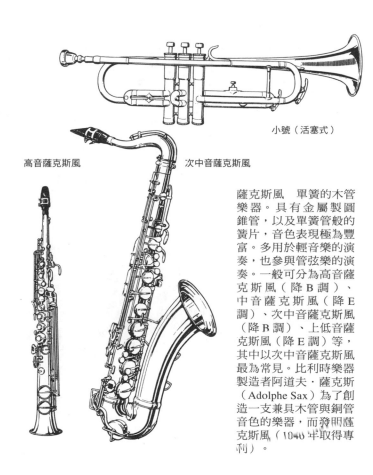

小號（活塞式）

高音薩克斯風　　　次中音薩克斯風

薩克斯風 單簧的木管樂器。具有金屬製圓錐管，以及單簧管般的簧片，音色表現極為豐富。多用於輕音樂的演奏，也參與管弦樂的演奏。一般可分為高音薩克斯風（降 B 調）、中音薩克斯風（降 E 調）、次中音薩克斯風（降 B 調）、上低音薩克斯風（降 E 調）等，其中以次中音薩克斯風最為常見。比利時樂器製造者阿道夫・薩克斯（Adolphe Sax）為了創造一支兼具木管與銅管音色的樂器，而發明薩克斯風（1846 年取得專利）。

【長笛】

木管樂器。沒有簧片的笛類樂器統稱，歷史悠久。在巴洛克時期，flute 原指豎笛，日後才指橫笛。現代長笛大約於十八世紀成形，經德國樂器製造商貝姆成功改良，音調豐富。一般為金屬材質（原為黑檀木等木頭材質），管徑約 19 公釐，全長約 66 公分。音孔附蓋，以右手大拇指以外的九根手指操作。依據升 G 調的吹奏方式，可分為閉鍵式與開鍵式，但以閉鍵式最為普遍。長笛的音域約為自中央 C 音起的三個八度音。

短笛　木管樂器。笛管長只有長笛的一半，可吹奏出較長笛高一個八度音的高音。多用於管弦樂或管樂演奏。

上　短笛
下　長笛

【木管樂器】

管樂器的一種。顧名思義，質地為木材，但也包含長笛、薩克斯風等現代已改為金屬管身的管樂器。木管樂器的管側邊開孔，吹奏者可利用手指開閉孔洞，改變管身的有效長度，吹奏出不同的音調。木管樂器可分為沒有簧片的無簧片木管樂器（長笛、短笛），只有一片簧片的單簧片木管樂器（單簧管、薩克斯風），與具有兩片簧片的雙簧片木管樂器（雙簧管、巴松管）。

低音單簧管

吹口
首節

上管

下管

喇叭口

降 B 調單簧管

單簧管　單簧片的木管樂器。十八世紀初由德國人發明。英文名稱 clarinet，因為單簧管音色類似高音小號（Clarino）而得名。移調樂器的一種，現代統分為降 B 調高音單簧管、A 調高音單簧管、降 E 調中音單簧管與低音單簧管等。音域寬廣，超過三個八度音。廣泛應用於管樂、管弦樂與爵士樂的演奏中。

低音管　雙簧片木管樂器。又稱巴松管。類似雙簧管，但管身總長可達 3 公尺，為彎曲的兩段式結構。音域為降 B 音起約三個八度音半，多用於管弦樂或管樂演奏。還有較低音管低一個八度音的倍低音管（又稱低音巴松管）。

【英國管】

又稱為英國號，也稱為低音雙簧管。雖然屬於雙簧片木管樂器族，但音域比雙簧管低五度，屬於移調樂器。音質類似鼻音，音色甜美。

英國管

雙簧管

長笛的演奏姿勢

低音管

低音管的演奏姿勢

雙簧管　高音域的木管樂器。特徵為具有雙層簧片的圓錐管。由文藝復興時期倍受喜愛的雙簧片木管樂器發展而來。巴洛克時期後因雙簧管的表現能力極佳，常用來演奏獨奏曲或協奏曲。十九世紀時，雙簧管的幾處構造經過改良，主要是增加了按鍵。無論在東洋或西洋，雙簧片樂器都十分常見。

囊管　附氣囊的笛子。又稱為風笛。吹奏者將皮革製或布製的氣囊挾於腋窩下，同時操作一支有指孔的簧管，以及數支無指孔、只能持續發出低音的簧管。替氣囊補給空氣的方式有口吹式與用手操作的風箱式兩種。世界各地自古便有這種能持續發出低鳴聲的民俗樂器，其中以蘇格蘭風笛最為著名。

穿著蘇格蘭傳統格紋服飾的
蘇格蘭風笛手。

風笛　左為口吹式，右為風箱式。

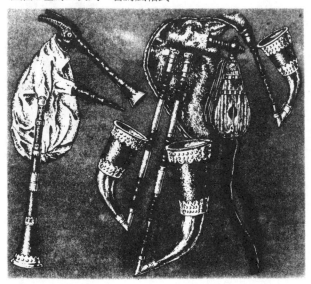

陶笛

牧神潘

陶笛　球形的笛子，具有吹口與八至十二個音孔。現代陶笛已有陶土、金屬、塑膠等材質。西洋陶笛在十九世紀由義大利人發明，同類型樂器可見於中國、非洲以及歐洲各地。

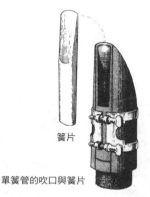

簧片

單簧管的吹口與簧片

排笛　笛類樂器。又稱為潘笛。數支長度不同的細長管子（以粘土、金屬或植物的莖等為管材）並排固定而成，吹奏者朝管子吹氣便可奏出樂音。因希臘神話的牧神潘而聞名，古希臘即以牧神潘所追求的河神之女席琳克絲為排笛命名。

簧片　簧片的英文名稱 read 為蘆葦之意。簧片好比為樂器的舌頭，空氣吹過便會震動，為樂器發音的來源。雙簧管、單簧管以削薄的蘆葦莖桿作為簧片；笙、簧風琴則以金屬片作為簧片。豎琴、薩克斯風等利用一片簧片與吹口的背部互相摩擦震動發聲，屬於單簧片樂器；雙簧管、低音管等利用兩片簧片互相摩擦震動發聲，屬於雙簧片樂器。

號角　利用獸角製成的喇叭。古代中亞、印度與西亞已出現這種樂器。

【甘美朗樂團】

以印尼爪哇島、峇里島的敲擊樂器為主的大編制樂團，主要可分成主旋律部、裝飾旋律部與節奏部。主旋律部包含金屬排琴、銅片琴等，裝飾旋律部包含座鑼、中音銅板琴、二弦琴、笛等，節奏部包含乳鑼、掛鑼等。峇里島的甘美朗樂器中，為皮影戲伴奏的包括銅片琴等。

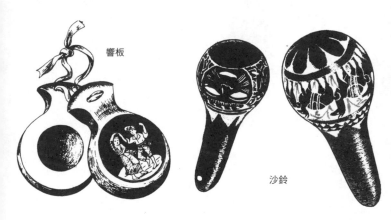

響板

沙鈴

響板 以木片、金屬片、石片等素材製作的成對體鳴樂器。主要為西班牙、義大利、夏威夷等地的舞蹈伴奏樂器。

沙鈴 中南美洲的體鳴樂器。以葫蘆類的植物果實乾燥製成，殼內種子在搖晃下會發出聲響。此外也有木製沙鈴。一般以高音沙鈴、低音沙鈴各一支成對使用。

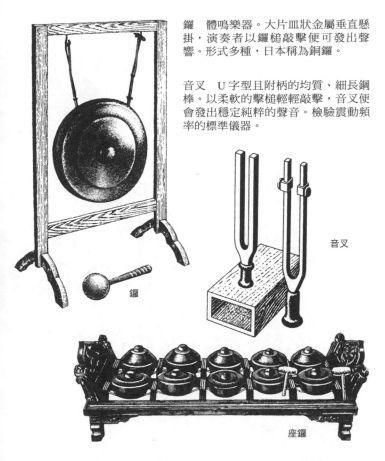

鑼　體鳴樂器。大片皿狀金屬垂直懸掛，演奏者以鑼槌敲擊便可發出聲響。形式多種，日本稱為銅鑼。

音叉　U字型且附柄的均質、細長鋼棒。以柔軟的擊槌輕輕敲擊，音叉便會發出穩定純粹的聲音。檢驗震動頻率的標準儀器。

音叉

鑼

座鑼

座鑼　印尼甘美朗樂團的樂器。在架上放置兩列壺形銅鑼，用一對擊槌敲擊發聲。甘美朗樂團包含高音、中音、低音三種不同音域的座鑼。

三角鐵

三角鐵　敲擊樂器。彎曲成三角形的金屬棒。演奏方式為懸掛其中一角，以金屬擊槌敲擊。雖然無法發出固定的音律，但音色透明且富泛音。

鈸　敲擊樂器。緩緩內凹的金屬圓盤，一般附繩。演奏方式為兩手各持一盤互相敲擊。雖無固定音調，音色卻相當鮮明。也有將鈸懸吊起來，利用小鼓的擊槌敲打等其他演奏方式。

鼓　膜鳴樂器。包含裂痕大鼓（在原木上刻劃溝痕的鼓）等樂器。種類眾多，有形如圓筒的大鼓、小鼓、附框的鈴鼓、鍋狀的定音鼓等。爵士演奏則採用一整套的鼓，整套爵士鼓包含大鼓、小鼓、高音鼓，以及體鳴樂器中的鈸。

高音鼓　膜鳴樂器。一般認為高音鼓源自東洋鼓。現代爵士樂等演奏使用各種尺寸的高音鼓。類似小鼓的高音鼓不附響弦。

大鼓　在西樂中，大鼓指木製或金屬製、兩端張皮、圓筒形的大鼓。通常立在架上，演奏方式為單手持鼓棒敲擊。音色深沉，在合奏的基礎節奏中扮演重要的角色。

鈸

鈴鼓

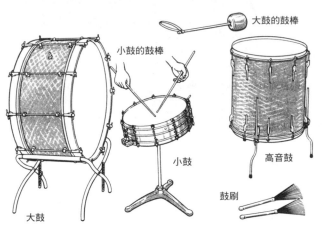

大鼓的鼓棒

小鼓的鼓棒

大鼓

小鼓

高音鼓

鼓刷

班戈鼓　中南美洲的大鼓。鼓身為刨空的木頭，鼓面為皮革。為一大一小成對的鼓。演奏方式為用兩膝蓋夾住鼓身，以指頭敲擊。

班戈鼓

鈴鼓　單面蒙皮的鼓。演奏方式為單手持鼓，以另一手敲擊。具有圓形木框，以及八至十六個會發出鈴鐺般響聲的圓形金屬片。多用於西班牙舞蹈，有時在管弦樂中也會使用。

定音鼓　擁有金屬製的半圓形鼓殼及一面鼓皮；鼓面直徑約 60 至 80公分；一般以四個為一組。演奏方式為使用鼓棒敲擊。可發出明確的音調，音調隨鼓面直徑或鼓皮張力而異。可藉由一只踏瓣調音，調音範圍約在一個八度音之內。源自阿拉伯，為現代管弦樂主要的敲擊樂器。

長鼓

長鼓　法國普羅旺斯地區的鼓。外型特色為鼓身細長。鼓手兼演奏直笛。法國作曲家比才的《阿萊城姑娘》、法國作曲家史特拉汶斯基的《彼得羅希卡》等曲目也曾採用長鼓。

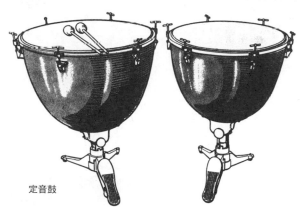

定音鼓

泰國木琴

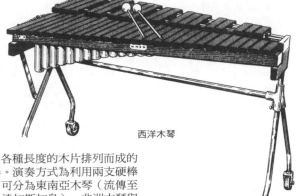

西洋木琴

木琴　由各種長度的木片排列而成的
體鳴樂器。演奏方式為利用兩支硬棒
槌敲擊。可分為東南亞木琴（流傳至
非洲的馬達加斯加島）、非洲木琴與
歐洲木琴等。

鐘琴　俗稱鐵琴。由各種音高的鐵片
組合而成。演奏方式為利用琴棒敲打
琴鍵。可分為有共鳴管與沒有共鳴管
兩種類型。音色明亮、尖銳。

馬林巴木琴　源自非洲或中南美洲的
木琴，演奏方式為利用軟棒槌敲擊。
音域在三至四個八度音之間，響音較
木琴深沉。一般具有共鳴管。

木琴的演奏

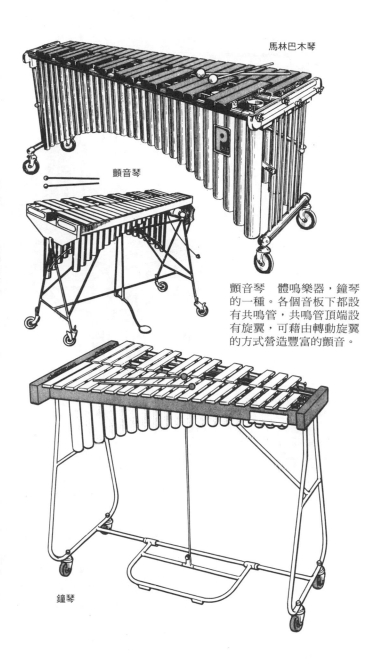

馬林巴木琴

顫音琴

顫音琴　體鳴樂器，鐘琴的一種。各個音板下都設有共鳴管，共鳴管頂端設有旋翼，可藉由轉動旋翼的方式營造豐富的顫音。

鐘琴

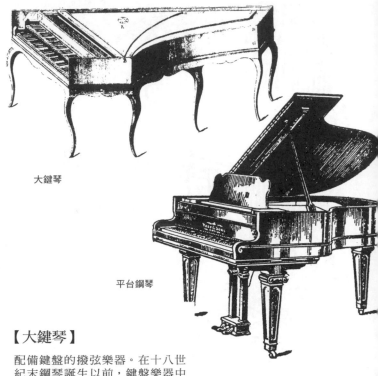

大鍵琴

平台鋼琴

【大鍵琴】

配備鍵盤的撥弦樂器。在十八世紀末鋼琴誕生以前,鍵盤樂器中以大鍵琴與風琴最為重要。在構造上屬於將薩泰里琴發揚光大的撥弦樂器,與擊弦發音的鋼琴不同。演奏者敲擊鍵盤,豎立於前方動力桿的前端(羽管或皮革製)便會自下方撥弦。一般來說有兩層鍵盤,同一琴鍵擁有數種不同音質的弦,可藉由踏板選擇弦線。音域為五個八度音,音色纖細華麗,但是幾乎無法藉由改變敲鍵力道變換聲音強弱,音色的持續也較鋼琴弱。

十七世紀的荷蘭古鍵琴

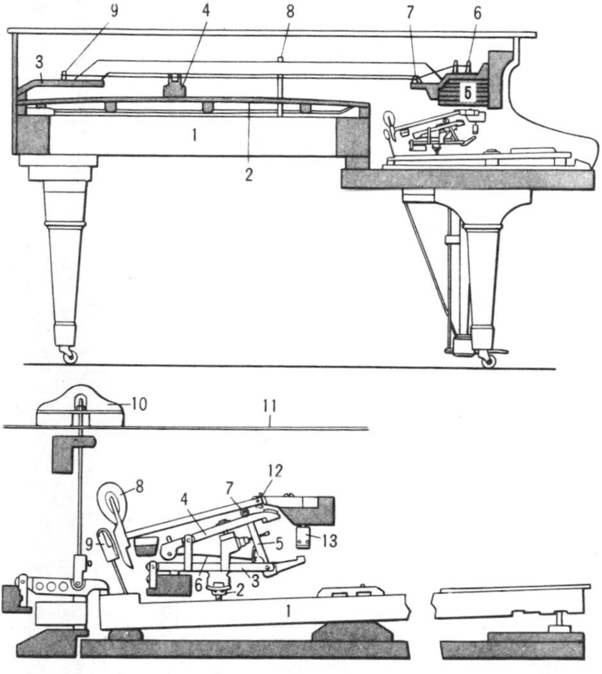

上　平台鋼琴的剖面結構圖　1. 木骨　2. 音響板　3. 鐵骨　4. 琴馬　5. 釘板　6. 調音釘　7. 弦支點座　8. 螺絲　9. 掛弦釘

下　琴槌的雙段退避裝置　1. 琴鍵　2. 鍵盤導桿　3. 舟型桿　4. 雙重反覆支撐桿　5. 舉起桿　6. 雙重反覆支撐桿彈簧　7. 擊槌桿圓托　8. 擊槌　9. 側退制止棄 10. 制音器　11. 弦　12. 反覆支撐桿制止螺絲　13. 接弦調整柤

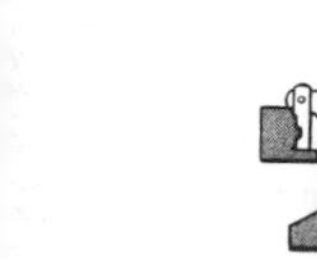

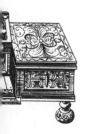

古鍵琴　鍵盤樂器，大鍵琴的一種，也有無腳架的小型款式。一個琴鍵配一條弦，藉由動力桿前端撥弦。面對彈奏方向所見的外觀可分為：琴弦走向為左右向的長方式，以及琴弦朝內部傾斜四十五度角而略呈三角形的三角式。

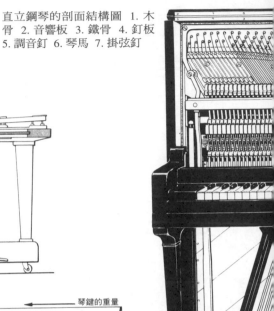

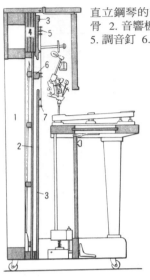

直立鋼琴的剖面結構圖 1. 木骨 2. 音響板 3. 鐵骨 4. 釘板 5. 調音釘 6. 琴馬 7. 掛弦釘

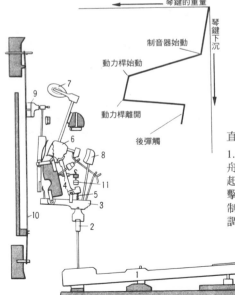

琴鍵的重量

琴鍵下沉

制音器始動

動力桿始動

動力桿離開

後彈觸

直立鋼琴的敲擊系統

1. 琴鍵 2. 鍵盤導桿 3. 舟型桿 4. 舉起桿 5. 舉起桿彈簧 6. 擊槌托 7. 擊槌 8. 倒退制止器 9. 制音器 10. 弦 11. 接弦調整枉

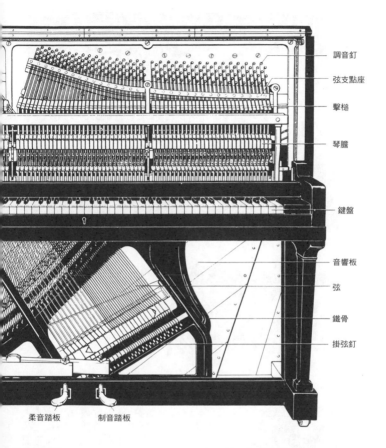

調音釘

弦支點座

擊槌

琴臘

鍵盤

音響板

弦

鐵骨

掛弦釘

柔音踏板　　制音踏板

【鋼琴】

鍵盤樂器。1709 年由義大利製琴師克里斯托弗利（Bartolomeo Cristofori）所發明，英文全名為 pianoforte，因為可自由彈出強音 forte 與弱音 piano 而得名，成為鍵盤樂器之王。鋼琴擁有八十八個琴鍵，按平均律調音，音域寬達七又四分之一個八度音，可以同時演奏主旋律與和聲，音色明亮，受到廣泛使用。整體包含琴弦（繫於金屬框）、音響板（採用雲杉木材，上面只塗防潮塗料）、琴馬，以及敲擊琴弦的琴槌、琴鍵等機械裝置。

【鍵盤樂器】

意指演奏者選按琴鍵便可奏出所需音高的樂器，與發音構造無關的樂器分類名詞。現代鍵盤樂器代表為鋼琴，古代鍵盤樂器則有風琴、大鍵琴與古鋼琴等。此外，簧風琴與鋼片琴也屬於鍵盤樂器。

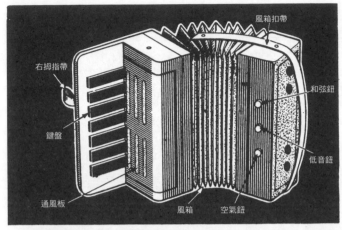

上　按鈕式手風琴

右拇指帶

鍵盤

通風板

風箱扣帶

和弦鈕

低音鈕

風箱　空氣鈕

班多尼翁手風琴

手風琴　簧風琴的一種，屬於攜帶式樂器。利用兩手拉伸或壓縮風箱，使空氣進入簧片。演奏者以右手如彈奏鋼琴一般按壓鍵盤，以左手選擇伴奏用的低音按鈕或數種合音按鈕。

非洲拇指琴

班多尼翁手風琴　手風琴的一種。1840 年由德國人發明，後流傳至阿根廷，成為伴奏探戈舞蹈的主要樂器。演奏方式為右手操作高音部按鈕，左手操作低音部按鈕。可作出尖銳的斷奏。

非洲拇指琴　非洲薩哈拉以南、剛果一帶的拇指琴。具有金屬等的舌狀薄板，以手指按壓薄板便可發出樂音，屬於體鳴樂器。

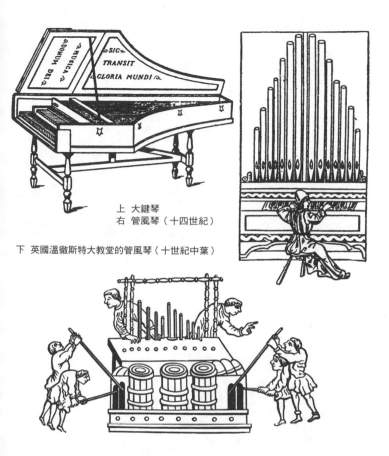

上　大鍵琴
右　管風琴（十四世紀）

下　英國溫徹斯特大教堂的管風琴（十世紀中葉）

【管風琴】

鍵盤樂器，機械式吹氣的管樂器複合體。西元前 250 年，埃及亞歷山卓港工程師克特西比烏斯（Ctesibius）所製作的水風琴，為風琴的原型。而後，拜占庭及西班牙等地也大量製作風琴。十四至十五世紀期間，風琴的結構獲得重大發展，單憑手指便可操作的鍵盤或踏瓣等裝置問世，

風琴的體積也朝大型化發展。經歷文藝復興與巴洛克時期之後，風琴更躍升為樂曲主角。十八世紀時，德國的製琴名師施尼特格爾（Arp Schnitger）與西伯爾曼家族，均製作了許多著名的管風琴。十九世紀的浪漫風琴講究音量與豐富的音色，近來的風琴則走巴洛克風，講求明亮清澈的音色。

左　《紅樓夢》中女子陶醉在音樂中的情景（程甲本插畫）。

排簫　以音律固定的十數根竹管並排固定，為口吹式管樂器。

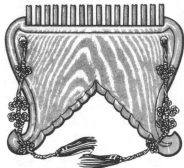

朝鮮李王朝的排簫

朝鮮杖鼓

杖鼓　朝鮮鼓。鼓身長約70公分，鼓腰極細。演奏方式為左手拍擊大鼓面，右手持鼓棒敲擊小鼓面。

大笒　朝鮮橫笛，演奏雅樂所用的樂器。長84公分、寬2公分。自三國時代，朝鮮便有所謂的大笒、中笒與小笒。

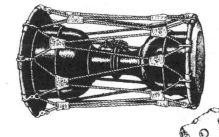

朝鮮李王朝時期的敔

朝鮮大笒

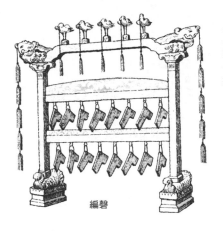

磬　中國古代的敲擊樂器。演奏方式為以擊槌敲擊ㄟ字形的懸吊石片。單一片者稱為特磬，以十數排列者稱為編磬。

編磬

塤　古代中國或朝鮮演奏雅樂所使用的樂器。上端為吹口。

塤

鐘的各部位名稱（摘自《周禮考工記》）

甬

舞

枚（乳）

鉦

篆

于

銑

柷　古代中國或朝鮮演奏雅樂所使用的樂器。始於周朝。演奏方式為以棒槌敲打內部。

柷

鐘　中國的金屬敲擊樂器，盛行於中國的青銅器時代（商朝、周朝）。演奏方式有兩種，一為利用位於中間的鐘舌接觸鐘體發音，另一為由外部敲擊鐘殼。利用鐘舌發音者如鐸、鈴、鐘。敲擊鐘殼發音者依形狀可分為吊鐘、磬（片狀）、銅鑼（盆狀）、鉦鼓（小皿狀）等。商朝時，鐘體倒放，以八個為一組；周朝時改為懸吊。

中亞的龜茲千佛洞壁畫（約西元六世紀），左起依序為五弦琵琶、簫、橫笛、豎箜篌。

三弦 中國的三弦樂器。日本三弦樂器正是源自此。又寫作三絃，或稱三絃子。

馬頭琴 蒙古的弓絃樂器。屬於大型弓弦樂器。配備二弦，蒙馬皮，琴頭雕刻成馬首形狀，琴身則有六角形、八角形、梯形等。

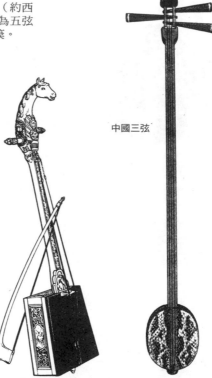

中國三弦

馬頭琴

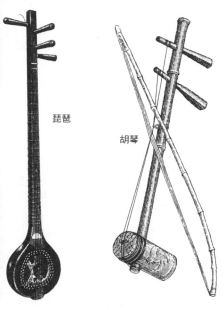

琵琶

胡琴

琵琶　弓弦樂器，屬於中國、中亞、西亞與東歐、南歐等地區的魯特琴族。琴桿極長，形狀與名稱隨地域而異。

胡琴　中國的弓弦樂器。有京胡等種類。以短竹筒為琴身，上蒙蛇皮。二弦，音域為五度。也有四弦的胡琴，稱為四胡。

瑟　弓弦樂器。有大瑟、中瑟、小瑟等，其中以二十五弦的中瑟最為普遍。中國古代的雅樂演奏同時採用琴與瑟兩種樂器，因此《詩經》中有「妻子好合，如鼓瑟琴」一說。

瑟

揚琴

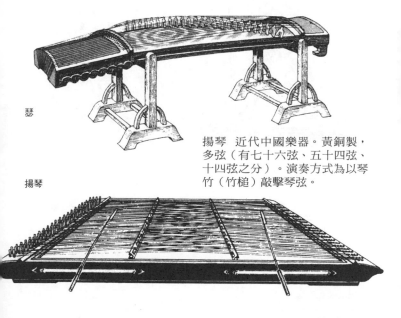

揚琴　近代中國樂器。黃銅製，多弦（有七十六弦、五十四弦、十四弦之分）。演奏方式為以琴竹（竹槌）敲擊琴弦。

象頭神　印度神話中掌管智慧與學問之神。擁有象頭、人身與四條手臂，為濕婆之子。

印度的智慧神　象頭神

濕婆　印度神話中的主神。《梨俱吠陀》稱祂為樓陀羅（註：暴風神）。在印度教中，濕婆除了被尊為創造神大梵天及保護神毗濕奴之外，同時也是毀滅神濕婆，集三大神格於一身的主神。

印度的主神
濕婆

西塔琴　北印度的撥弦樂器。通常配備七條金屬弦。琴格僅以弦線纏繞，可以旋轉上下移動、調節。擁有寬幅琴馬，音色獨特。也可如維那琴般，手指沿琴格朝橫向撥彈。

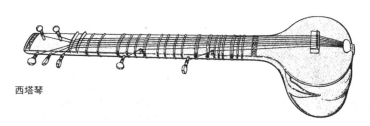

西塔琴

印度火神 阿格尼

印度天帝 因陀羅

印度鼓
瑪塔蘭王朝時期

阿格尼　印度神話中的火神，掌管地上的火與雷電，為太陽神的化身，也是天上諸神與地上人民的仲介者。

因陀羅　印度神話中與雷結合的自然現象之神。擬人化之後又被視為武勇之神、英雄之神。《梨俱吠陀》約有四分之一的篇幅為歌詠因陀羅神的讚歌。佛教神話中稱為帝釋天。

印度琴 沙蘭古

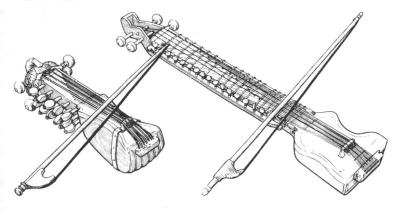

愛迪生發明的
手搖式留聲機

首先使用唱片的
手搖式留聲機

留聲機 播放唱片的機器。1877年，
愛迪生發明留聲機，以手旋轉圓筒，
位於喇叭基部的唱針便能接觸圓筒上
帶有凹凸溝槽的錫箔膜，錄下聲音或
播放聲音。1885年，取代錫箔膜的蠟
管式留聲機問世，沿用至1932年左
右。而後，1887年出現的唱盤式留聲
機大幅改良，標準轉速的唱片問世，
主機演變為由發條帶動的電唱機，具
有唱盤、唱頭、喇叭等結構，使留聲
機成為普及的音響設備。

神話、諸神

黃道十二星座
水瓶座

正在討論特洛伊戰爭該如何收尾的諸神

【特洛伊戰爭】

古希臘人攻打特洛伊的遠征戰役。這段神話故事是根據西元前12年的史實發展出來的。傳說中天后赫拉與另外兩位女神雅典娜及阿芙蘿黛蒂比美，擔任評審的特洛伊王子帕里斯宣布阿芙蘿黛蒂最美，阿芙蘿黛蒂於是依照祕密協定讓帕里斯贏得天下第一美女海倫。為了奪回海倫，阿基里斯與奧德修斯等人率領希臘聯軍遠征特洛伊。海倫的丈夫斯巴達國王米奈勞斯，他的哥哥邁錫尼國王阿加曼農也是希臘聯軍的一員。特洛伊則派出赫克特等英雄迎戰。然而這場戰爭一打就是十年，許多英雄流血傷亡。最後，希臘聯軍終於以木馬混入城中打破僵局。特洛伊城遭聯軍攻陷後，城中男性全遭殺害，女性則被貶為奴隸。以上神話可見《伊里亞德》與《奧德賽》。

小艾亞斯

小艾亞斯　鐵拉蒙之子、拉沙密斯島的國王。體魄健壯、身材高大、沉默寡言、堅毅剛直，是特洛伊戰爭中僅次於阿基里斯的英雄。

埃涅阿斯　特洛伊王國的英雄。女神阿芙蘿黛蒂之子。父親為特洛伊王子安基塞斯。特洛伊戰爭結束後，衛神諭成為羅馬王。相傳古羅馬建國者羅慕路斯為其後裔。

埃涅阿斯背著父親
安基塞斯逃出特洛
伊城

好友帕特羅克洛斯為
阿基里斯包紮傷口

阿基里斯　色薩利國王佩琉斯與海
洋女神忒堤斯之子。《伊里亞德》
的主角。在阿基里斯還在襁褓中
時，他的母親忒堤斯將他浸在冥河
中，希望讓阿基里斯擁有不死身軀，
可惜在浸泡時獨獨漏了腳踝。阿基
里斯在智勇雙全的半人馬凱隆養育
下，成為勇猛果敢的英雄豪傑。阿
基里斯以腳程飛快著稱，在特洛伊
戰爭中是希臘聯軍的第一勇士。面
對特洛伊陣營派出的赫克特等大
將，阿基里斯屢戰屢勝，可惜最後
被特洛伊王子帕里斯的箭射中腳踝
而死。

雅典娜

雅典娜　希臘神話中最具代表性的
女神之一，主掌智慧、戰爭、技術
與工藝。相當於羅馬神話中的密涅
瓦，且為處女神。雅典娜也是雅典
城的守護神，在雅典衛城上的帕德
嫩神廟中接受雅典市民供奉。傳說，
雅典娜是天帝宙斯吞噬妻子墨提斯
之後，從宙斯的腦袋裡面蹦出來的，
而且因為母親遭噬，祂誕生時全副
武裝。雅典娜曾與海神波賽頓爭奪
雅典城守護神的地位，最後雅典娜
讓荒地長出橄欖樹而獲勝。戰爭時，
雅典娜會跟隨勝利女神妮姬率領軍
隊，幫助英雄打仗；平時則教導人
民紡織、工藝等技術。

阿多尼斯 誕生於不倫戀中，深受女神阿芙蘿黛蒂喜愛的美少年，在狩獵時遭遇山豬襲擊身亡。阿多尼斯傷口流出的血變成了銀蓮花，女神阿芙蘿黛蒂的眼淚則變成了玫瑰。阿芙蘿黛蒂與春神泊瑟芬兩位女神曾爭奪阿多尼斯，後來宙斯裁決阿多尼斯輪流陪伴兩位女神各半年的時間。

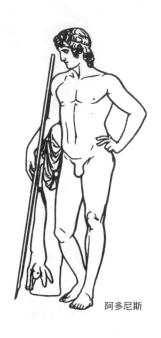

阿多尼斯

擎天神亞特拉斯 提坦神族，力氣巨大無比。普列亞德斯七姊妹與赫斯培羅斯皆為其兒女。亞特拉斯反抗天帝宙斯失敗後，遭宙斯處罰在西方撐住天空（根據古希臘歷史作家希羅多德的記載，這便是北非亞特拉斯山脈的由來）。亞特拉斯曾計謀將擎天任務轉嫁給大力士海克力斯，可惜計謀未成，自己反而因為珀耳修斯的緣故變成石頭。

亞特拉斯

阿芙蘿黛蒂 起源可追溯至閃族人崇拜的女神阿斯塔蒂。原為主掌豐收的女神，而後演變為主掌愛與美的女神。自海上泡沫中誕生，為奧林匹亞十二主神之一。被美麗飾帶誘惑而嫁給火神赫菲斯托斯，之後卻被戰神阿瑞斯的英姿吸引，與祂暗通款曲。此外，阿芙蘿黛蒂也喜愛凡世美男子得摩多科斯與阿多尼斯，並與特洛伊王子安基塞斯生下埃涅阿斯。祂每年都會回到出生的海洋，以浸泡海水方式恢復青春與美貌。相當於羅馬神話中主掌愛與美的女神維納斯。

阿芙蘿黛蒂

阿波羅　最具代表性的希臘神祇之一。宙斯與黑暗女神勒托之子，也是女獵神阿蒂密絲的孿生哥哥，誕生於狄洛斯島。阿波羅以銀箭射死德爾菲谷中的怪龍培冬之後，人們便視德爾菲為阿波羅下達神諭之地，當地因此興盛。阿波羅不但是年輕力盛的俊美青年典型代表，性格也相當多元，是知性、道德、秩序、法律的守護者，也掌管音樂（特別是樂器「里拉琴」）、弓箭、預言、醫療與家畜。西元五世紀之後，阿波羅也被稱為福玻斯（註：意思為閃耀者），正式成為太陽神的化身。

亞馬遜人　希臘神話中，一支居住於北方未知土地，完全由女戰士組成的民族。依照亞馬遜人的習俗，她們會在固定時間與外族男子交配生子，若產下女孩則留在族內養育，若生男孩則將男孩去勢或殺害。此外，割除右乳以便攜帶弓箭是亞馬遜女戰士的另一項習俗。該族的英文名稱 Amazon，即源自希臘人對該族女性缺單側乳房的描述。亞馬遜族人擅長騎馬、射箭、劈斧、標槍，且持特製盾牌，在愛奧尼雅地區活動並興建都市。特洛伊戰爭時，亞馬遜人曾幫助特洛伊王國打敗阿基里斯。

阿波羅

亞馬遜人

阿蒂密絲　宙斯與黑暗女神勒托之女，阿波羅的攣生妹妹。主掌丘陵地與森林、狩獵，以及保護野生動物，也是協助生產的女神、處女神。阿蒂密絲經常攜帶弓箭與獵犬，與山野精靈在山林中打獵。相當於羅馬神話中的女神黛安娜，人們也常將祂與月神賽琳娜搞混。

阿蒂密絲

阿瑞斯　戰神。宙斯與赫拉之子。性格好戰且殘忍，傲慢卻風采迷人。相傳愛神厄洛斯便是祂與女神阿芙蘿黛蒂之子。此外，阿瑞斯也與多位女子生下許多性格好戰的兒子。相當於羅馬神話中的瑪爾斯。

阿瑞斯

安德洛米達

安德洛米達　非洲衣索比亞國王克甫斯與王后卡西奧佩娅之女。因母后誇耀她比海洋中的仙女還美，激怒海神波賽頓，並派怪獸前去衣索比亞王國襲擊，還命令他們將公主安德洛米達鏈在岩石上當祭品作為懲罰，所幸珀耳修斯路過出手相助，公主獲救後成為珀耳修斯之妻。後來升天成為星座（註：即仙女座）。

獨角獸　源自印度的假想動物，馬身、
羚羊臀、獅子尾，頭長獨角，象徵純
潔。相傳以獨角獸頭角製作的杯子不
但可以驗出毒素，還能解毒。

獨角獸

愛奧

愛奧　河神伊那科斯之女，在阿戈
斯王國的赫拉神廟中擔任女祭司。
長相貌美而受宙斯喜愛並懷孕，後
來為了躲避天后赫拉的追擊而逃到
埃及，在埃及產下厄帕福斯，成為
埃及女王。希臘人認為埃及女神伊
西斯就是愛奧。

歐羅芭　腓尼基城邦泰爾王國的公
主。在海邊嬉戲時被化身為白牛
的宙斯載到克里特島，產下宙斯
之子邁諾斯與拉達曼迪斯等。

歐羅芭

愛神厄洛斯

厄洛斯　愛神。關於厄洛斯的傳
說版本眾多，流傳較廣的是祂身
為女神阿芙蘿黛蒂之子，經常伴
隨在阿芙蘿黛蒂身邊這個版本。
厄洛斯是擁有一對翅膀的俊美男
神，凡是被祂持箭射中的人便會
淪為愛情俘虜。性喜惡作劇，時
而殘酷。經常以幼童的姿態出現
在其他神話故事中。相當於羅馬
神話中的邱比特。

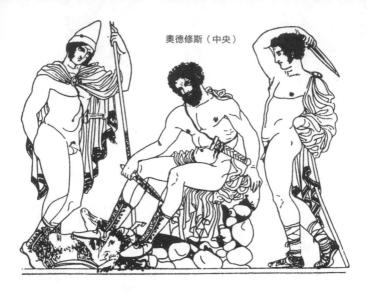

奧德修斯（中央）

奧德修斯　伊塔卡島之王雷爾提斯之子，英文名字為尤里西斯。奧德修斯是位善謀略的紅髮英雄，曾參與特洛伊戰爭，並提出結盟、分化等外交策略。讓希臘軍獲得最後勝利、著名的「木馬屠城計」便出自於他。他在戰後返鄉途中在獨眼巨人島（即西西里島）刺傷了海神波賽頓之子獨眼巨人波呂斐摩斯，導致返鄉旅程遭到波賽頓百般阻撓，經風神居住的飄浮島（埃俄利亞島）、魔女瑟茜居住之島（艾尤島）、海妖島等重重考驗後，才回到闊別二十年的故鄉伊塔卡島。返鄉後，奧德修斯將向妻子求婚的男子一一殺死，重新奪回愛妻與王位。

企圖刺殺艾吉斯策斯的奧德修斯

遭小艾亞斯強行
擄走的卡珊德拉

卡珊德拉　末代特洛伊國王普萊姆之
女。阿波羅曾為了求得歡心而賦予她
預言能力，然而她卻因為數度拒絕阿
波羅，遭受詛咒得不到眾人信任。與
邁錫尼國王阿加門農同被克呂泰涅斯
特拉所殺害。

伽倪墨得斯

俄瑞斯忒斯的母親克呂
泰涅斯特拉

伽倪墨得斯　特洛伊國土特羅斯
之子，俊美少年。天帝宙斯一見
到他便很喜歡，因此被宙斯變成
老鷹帶走，成為天神宴會的侍
者。

俄瑞斯忒斯　傳說中的人物。阿
加曼農之子，父親死於非命後逃
往國外，長大後歸國，與妹妹愛
麗克特拉聯手殺害母親克呂泰涅
斯特拉與情夫，為父親復仇。俄
瑞斯忒斯被復仇女神窮追不捨幾
乎發狂，因此一度在諸國之間流
浪，浪跡至雅典時在亞略巴古遭
到降罪。最後成為阿戈斯與斯巴
達的國王，九十歲時辭世。

奇美拉 希臘神話中擁有獅頭、蛇尾、山羊身軀，並且會噴火的怪物。為騎乘天馬的柏勒洛所殺。奇美拉在希臘文中為母山羊之意。

奇美拉

西芭莉

西芭莉 小亞細亞人民信仰的大地之母，象徵豐收的神祇，主掌療癒與神諭，戰爭時也會幫助民眾守護國家，擁有眾多力量。情繫少年阿提斯。相當於古希臘羅馬神話中的瑞婭。

厄俄斯 黎明女神。第一代太陽神許珀里翁與提坦神族蒂亞之女，奉命駕駛雙馬戰車引領太陽在天空奔馳。為西風之神賽費洛斯、南風之神諾托斯、北風之神伯雷亞斯等神的母親。相當於羅馬神話中的奧蘿菈。

克法羅斯 赫爾墨斯之子。妻子為雅典公主普蘿克麗絲。儘管深受黎明女神厄俄斯愛戀，依然不放棄對妻子的愛，最後終於回歸故鄉。

右起為太陽神赫利歐斯、星辰之神、俊美的厄利斯國王恩狄彌翁、黎明女神厄俄斯、克法羅斯。

赫利歐斯　太陽神。每日駕駛由四匹白馬拖曳的黃金戰車東升西落，將海水裝進黃金杯後再返回。相當於羅馬神話的太陽神索爾。

海神波賽頓之妻安菲屈蒂，迎接安提朵鎮海神葛勞科斯（右）

葛勞科斯　原為安提朵鎮漁夫，服用草藥後僅上半身保留人身，下半身化為魚身，化身為當地海神。曾向美少女席菈求愛遭拒。

恩狄彌翁　厄利斯國王。月神賽琳娜對他的年輕俊美深深著迷，因此讓他以不老不死之軀永遠沉睡。

雅典娜自蓋婭手中接過艾力克托尼奧斯
左起為雅典國王凱克洛普斯、大地女神蓋
婭、雅典王子艾力克托尼奧斯、雅典娜
女神、火神赫菲斯托斯、露水神女赫賽

凱克洛普斯　阿提卡地區首
任國王，相傳為阿提卡居民
的祖先，誕生自大地。上半
身為人，下半身為蛇。最初
賜與人類法力者。

半人馬　上圖出自龐貝壁畫，下圖為年老
的半人馬。

半人馬　人首馬身的怪物。拉庇泰國
王伊克西翁與雲仙子娜菲莉所生。居
住於厄利斯、阿卡迪亞、塞薩里亞
一帶的山野森林間，性情野蠻且好酒
色。半人馬們曾受邀參加拉庇泰國王
佩利托斯的喜宴，卻在宴會上企圖調
戲王妃與其他女性而引發激烈打鬥，
因此被逐出希臘本土。

沙羅曼蛇　希臘神話中形體類似蜥蜴或蠑螈的爬蟲動物，或稱火蜥蜴。居住於火焰中，不但能在火中行走，也具備滅火能力，且身懷劇毒。希臘人認為，果樹或果實一經沙羅曼蛇碰觸就會變成毒果樹或毒果實，誤食者會中毒身亡。

沙羅曼蛇

薛西弗斯

薛西弗斯　科林斯國王，也是特洛伊戰役中的英雄奧德修斯的父親。以狡猾機智聞名。他曾使計矇騙死神與冥界諸神而獲得永生。天帝宙斯得知後將他打入地獄，罰他將大石頭推上山頂，並且不斷讓即將抵達山頂的大石頭滾落山下，讓他永生永世承受自己的罪惡。

宙斯　第一代提坦神族克洛諾斯與時光女神瑞婭之子。幸運逃過父親的迫害，誕生於克里特島，在島上精靈與魔法山羊的養育下長大。長大之後，在提坦神族、智慧女神墨提斯的協助下，將父親逐下主神之座。宙斯率眾兄弟姊妹力戰提坦神族，長期激戰終於成功壓制提坦神族，也將蓋婭派來的怪獸全數掃盡。平定提坦神族以後，宙斯欽定奧林帕斯山為諸神的宮殿，並娶赫拉為后。日後宙斯與赫拉及多位情人生下雅典娜、阿蒂密絲、太陽神阿波羅、戰神阿瑞斯、酒神狄奧尼索斯、大力士海克力斯等，為多位神祇及半神人之父。宙斯的希臘名語源為「光」。宙斯是支配天空與雷電的天神，也是主掌秩序、正義與法律等事務的最高神祇，常以手持權杖與雷電之姿在老鷹隨伺下現身。相當於羅馬神話中的朱庇特。

與巨人族交戰的宙斯與赫拉

海妖賽蓮

海妖賽蓮　人面鳥身的女海妖。希臘神話中約有三至四位賽蓮。賽蓮擁有美麗的歌聲，居住的海島鄰近女海妖席菈所在的岩礁與恰利底斯漩渦。相傳凡是被賽蓮的歌聲所誘惑的船員均難逃死劫，且屍體化為島上草原中的山丘。賽蓮最後在奧費斯與奧德修斯成功抵抗歌聲後，羞憤投海自盡。賽蓮在英文中為汽笛、警報器之意。

達妮　阿戈斯王阿克里西俄斯美麗的金髮女兒。由於父親得到神諭指示將遭外孫殺害，心存恐懼的父親將她囚禁在地牢裡。未料達妮被宙斯發現，宙斯化成黃金雨由天窗溜進地牢使達妮懷孕，生下兒子珀耳修斯，達妮與珀耳修斯母子最後被父親裝進箱中放到海上漂流。

阿戈斯國的王女達妮母子，被國王阿克里西俄斯（右）裝進箱子放到海上漂流

赫拉　宙斯的妻子，為女性守護婚姻與生產的女神，相當於羅馬神話中的天后朱諾。提坦神族克洛諾斯及瑞婭之女。宙斯曾化身杜鵑鳥親近祂，與祂結婚，誕下戰神阿瑞斯、分娩女神愛莉西亞、青春女神希碧、火神赫菲斯托斯。

善妒的赫拉經常報復宙斯的外遇情人與私生子女，報復事蹟如：將愛奧變成母牛後逐出希臘、阻止勒托分娩、設計塞墨勒公主自盡、懲罰回聲女神、迫使大力英雄海克力斯發瘋等。

達那俄斯

達那俄斯　愛奧的後裔。擁有五十個女兒。與擁有五十個兒子、身為埃及國王的弟弟感情要好。逃到阿戈斯以後成為當地的國王。在五十名姪兒的要求下命令五十名女兒與姪兒結婚，並命令眾女兒在新婚之夜殺夫。除了長女之外，其餘女兒均聽從王命弒夫，死後紛紛被打入地獄，接受永無止盡的汲水懲罰。

遭阿爾戈英雄逮捕的丹達羅斯

塔羅斯

丹達羅斯　利底亞鄰國西庇羅斯的國王；宙斯之子，珀羅普斯之父；眾神皆對他寵愛有加。曾將愛兒珀羅普斯烹殺後宴請眾神，因而觸怒眾神，結果被打入地獄最底層，頸部以下泡在水中但喝不到水，果實長在頭頂上卻吃不到，藉由這種方式使他永遠承受飢渴，作為懲罰。

塔羅斯　守護克里特島的青銅巨人，火神赫菲斯托斯鑄造賜予生命，會對可疑的人投擲石塊或火把。

黛安娜　羅馬神話中的古義大利樹神。相當於希臘神話中的阿蒂密絲女神。

黛安妮拉　大力士海克力斯之妻。悲劇《特拉基斯婦女》描述她誤將毒藥當成可以挽回丈夫之愛的藥而毒死丈夫，悲憤之餘自殺結束生命。

黛安娜

將遭半人馬尼薩斯擄走的黛安妮拉遇到大力士海克力斯前來搭救

提托諾斯（右）與黎明女神厄俄斯

提托諾斯　黎明女神厄俄斯所深愛的美男子之一。特洛伊王勞米登之子，末代特洛伊王普萊姆的兄弟。在黎明女神的請求下，提托諾斯獲得永生，卻無法停止衰老，最後化成蟬形，徒留唧唧蟬聲陪伴黎明女神。

泰瑞西亞斯　底比斯城邦的預言家。不小心瞧見雅典娜女神沐浴而被變成盲人。後來雅典娜為了補償他而賜與他預言能力。另有一說為觸怒天后赫拉而眼盲，後來宙斯賜與他預言能力與長壽作為補償。

奧德修斯正聽取泰瑞西亞斯
（左）的預言

愛琴士正聆聽泰美斯女神（左）的神諭

愛琴士正聆聽泰美斯女神（左）的神諭

泰美斯　提坦神族，天空之神烏
拉諾斯與大地之母蓋婭的女兒。
正義與法律女神。職責為召集眾
神，並負責在聖地德爾菲傳達神
諭，後來由阿波羅繼任。

特拉絲　羅馬神話中的大地之母。
相當於希臘神話中的蓋婭。

古希臘雙耳細頸陶瓶　把手多自
瓶頸延伸至瓶腹。保存葡萄酒、
油或穀物的容器，也作為陪葬品
之用。

護界神　土地邊界樹立的界石或
界樁的神祇，即使羅馬天帝朱庇
特召集眾神，依然待在原處守護
土地。

忒勒馬科斯　伊塔卡島國王奧德
修斯與潘妮洛普之子。向富有智
慧的長者內斯特、斯巴達國王米
奈勞斯打探遠征特洛伊的父親消
息後，終於一嘗宿願在伊塔卡島
與父親相會，並協助父親除去向
母親求婚的人。

護界神

忒勒馬科斯（左）與母親潘妮洛普

特涅同（取自古希臘陶繪）

特涅同　海神賽波頓之子。常以吹奏海螺的人魚之姿現身。

特里普托勒摩斯　掌管依路西斯，即豐收女神狄蜜特受封之地。豐收女神曾教導祂栽培與收割小麥的祕密。

勝利女神妮姬（取自古希臘陶瓶）

特里普托勒摩斯

妮姬　勝利女神，雅典娜的侍從。相當於羅馬神話中的維多利亞。常以長有雙翼的年輕女性之姿現身。以薩莫色雷斯島出土的神像最為著名。

海克力斯與涅墨亞山谷中的妖獅交戰

潘朵拉

涅墨亞妖獅　棲息於阿格利斯地方的涅墨亞山谷中、刀槍不入的不死妖獅。最後被海克力斯剷除。繪畫中海克力斯身上常披著的獅皮就是涅墨亞妖獅的皮。

海亞蒂絲（最上方二位）

潘朵拉　世上第一位女子，由火神赫菲斯托斯以黏土製成。雅典娜女神賦予她生命，其他諸神也賦予她各種魅力。她到凡世之後成為提坦神族艾皮米修斯之妻。在好奇心的驅使下打開不應開啟的盒子，造成貪婪、毀謗、虛榮等諸多邪惡飛逸盒外，只剩下希望還留在盒底。

海亞蒂絲　泛指眾降雨精靈。曾養育天帝宙斯及宙斯之子酒神狄奧尼索斯。

醫神埃斯丘勒匹厄斯
與健康女神海吉兒

海吉兒　健康女神。醫神埃斯
丘勒匹厄斯之女，傳說為世
上最初的護士。她的父親埃
斯丘勒匹厄斯不僅是希臘的
英雄，還是醫界始祖。

許普諾斯　睡神。夜神
妮克絲之子。居住在陽
光無法抵達的世界。

睡神許普諾斯與孿生兄弟死神桑納托斯

海絲佩拉蒂　傍晚出現的金星三
姊妹的總稱。她們負責在西方照
顧天后赫拉的祕密花園，看守大
地之母蓋婭送給赫拉的結婚禮物

金蘋果樹。百頭巨龍拉冬也協助
海絲佩拉蒂三姊妹執行看守任
務。

海絲佩拉蒂三姊妹

菲羅克特圖斯　特洛伊
遠征軍的勇士。遭到毒
蛇襲擊而在蘭姆諾斯島
滯留十年，後來因希臘
聯軍需要海克力斯送給
他的百發百中弓箭而徵
召他歸隊。他殺了特洛
伊王子帕里斯，一舉幫
助希臘聯軍攻下特洛伊
城，日後浪跡南義大
利，為南義大利建設了
許多城市。

遭毒蛇襲咬的菲羅克特圖斯

費尼克斯　養育希臘第一勇
士阿基里斯長大的老英雄，
也是歐羅芭之父。與埃及
神話中的不死鳥同名。

福爾圖娜 古羅馬神話中主掌命運的女神。相當於希臘神話中的泰姬。

命運女神福爾圖娜

下圖為特洛伊戰爭場景中的「尼奧普托勒莫手刃特洛伊王普萊姆」。圖中雙手抱頭而坐者為普萊姆。死在普萊姆膝上者為普萊姆的孫兒愛斯台安納克斯。倒在阿基里斯之子尼奧普托勒莫腳邊者為特洛伊士兵。（圖為西元前五世紀末希臘陶瓶摹本）

末代特洛伊王普萊姆
（左起第二人）

普萊姆 特洛伊戰爭時期的特洛伊老國王。擁有五十位兒子。信仰虔誠，性格溫暖且誠實，不但為眾神喜愛，也很受敵人敬愛。雖然對戰爭持否定態度，卻非常體諒兒媳婦海倫。普萊姆在痛失愛子赫克特時所展現的父愛，就連敵將阿基里斯也為之動容，決定歸還赫克特的屍體。最後特洛伊城陷落時死在阿基里斯之子尼奧普托勒莫的手中。

尼奧普托勒莫斯手刃老
特洛伊王普萊姆

普羅米修斯

芙蘿拉　古羅馬神話
中掌管草木開花與春
的女神。

花神芙蘿拉

普羅米修斯　提坦神族。某次普
羅米修斯在分配牲禮時，故意以
油脂裹覆下等部位，矇騙神明選
走下等部位，好將上等部位分給
人類。得知受欺的神明一怒之下
決定不提供火給人類。普羅米修
斯便從天上盜取火種，把火種藏
在茴香稈中帶到人間。宙斯得知
消息之後震怒，將普羅米修斯綁
在高加索山的岩壁上，白天令禿
鷹啄食祂的肝臟，夜晚則令祂的
肝臟重新長回，如此日復一日地
折磨祂。

黑卡蒂

黑卡蒂　雅典西北方的比奧西亞地方所信仰的大地女神之一，此信仰早於奧林帕斯山眾神，原為守護裁判、集會、戰爭、競技、馬術、漁業等活動，及帶來成功的女神。後來與冥界及黑夜連結，成為妖魔鬼怪的首領。希臘人曾在妖魔徘徊的十字路口設立三面黑卡蒂女神像，每月以狗肉等牲肉、俗稱「黑卡蒂的晚餐」獻祭，成為習俗。

赫克特　特洛伊王普萊姆與皇后赫古芭的長男，安卓瑪姬之夫。在特洛伊戰爭中，戰技高超且相當重要的英雄。品格高貴、性情溫和，與阿基里斯恰好立場對立。《伊里亞德》中的登場人物。驍勇善戰，最後卻為阿基里斯所殺，且屍體遭阿基里斯以戰車拖行，直至父王普萊姆以重金贖回他的屍體。

在決鬥中戰死於阿基里斯之手的赫克特

海絲娣雅　第一代提坦神族領袖克洛諾斯與時光女神瑞婭之女，守護爐灶、主掌家政的女神。希臘各城市的集會所皆可見到獻給海絲娣雅的聖火。相當於羅馬神話中的女神薇斯塔，但兩者不同之處在於希臘女灶神海絲娣雅是私人家庭的守護神，羅馬女灶神薇斯塔則是與羅馬天帝朱庇特並列的守護神。

女灶神海絲娣雅

海絲佩拉蒂　泛稱居住在極西世界的仙女。海絲佩拉蒂為向晚時的明亮星星之意。夜神妮克絲與擎天神亞特拉斯之女。

海絲佩拉蒂

潘妮洛普　伊塔卡國王奧德修斯之妻，特立馬可斯之母，機智且忠貞。丈夫奧德修斯隨希臘聯軍遠征特洛伊期間，鄰國諸侯趁機前來求婚，潘妮洛普藉口得先替公公雷爾提斯織好壽衣才肯改嫁，白天織、夜晚拆，悄悄拖延三年。之後，潘妮洛普還開出條件：能以奧德修斯的弓箭連續射穿十二把斧頭上的孔穴者，她才願改嫁，結果眾追求者根本連弓都拉不開。此時，奧德修斯悄悄以乞丐模樣混入人群，一把拿起弓箭將追求者射死，這對闊別二十年的夫妻終於團圓。

悲傷的潘妮洛普

希碧　青春女神。天帝宙斯與天后赫拉之女，青春貌美的女神，擔任神廟的侍女，負責斟神酒。也是大力士海克力斯升天後的妻子。

希碧

火神赫菲斯托斯（右）
與森林精靈

赫菲斯托斯　主掌火、鍛冶與工藝之神。天帝宙斯與天后赫拉之子。在嬰孩時期，因宙斯不慎失手而從奧林帕斯山墜落，從此跛足。專為眾天神製造武器或戰車，打造頭冠或寶石。也為自己打造了兩具精巧的機器人，世上第一位女子潘朵拉也出自他手。娶阿芙蘿黛蒂女神為妻，卻發現妻子竟與戰神私通，於是暗中布置隱形機關，將兩人逮個正著。相當於羅馬神話的伏爾坎。

海克力斯的十二偉業：

1. 殺死涅墨亞山谷中的妖獅 2. 殺死勒那湖沼的九頭怪蛇 3. 活擒厄律曼托斯山的山豬 4. 活捉席瑞尼夏森林的金角聖鹿 5. 清除斯廷法利斯湖畔的怪鳥群 6. 清掃奧革阿斯國王的牛舍 7. 帶回亞馬遜女王的腰帶 8. 帶回色雷斯國王戴歐米德斯的食人馬 9. 帶回克里特島獨有的漂亮紅毛公牛 10. 帶回巨人革律翁的牛群。上述任務完成之後又追加兩項任務：11. 帶回海絲佩拉蒂仙女負責看守的金蘋果 12. 帶回冥府的看門犬。

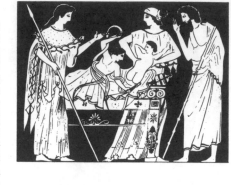

上　幼年海克力斯活活
　　將蛇捏死
中　海克力斯生擒厄律
　　曼托斯山的山豬
下　海克力斯與冥府的
　　看門犬

海克力斯　希臘最強大的英雄。天帝宙斯與阿爾克墨涅之子。當海克力斯還是幼兒時，母后赫拉企圖置他於死地，在搖籃中放蛇，卻被他活活捏死。長大以後，與底比斯國王克瑞翁之女蜜格拉結婚，卻遭赫拉陷害因而發狂殺死親骨肉。海克力斯恢復心志之後聽從德爾菲神諭，以苦行贖罪，自願成為歐律斯透斯的奴隸，並於十年內完成十二項偉業。最後在任務完成後身亡升天。

泊瑟芬　天帝宙斯與豐收女神狄
蜜特之女。正值花樣年華便在
採花途中被冥王黑帝斯強行擄
走，成為冥后。相當於羅馬神
話中的普羅瑟萍娜。

逃出冥府的泊瑟芬（中央）

赫耳墨斯（右）帶領三位女神找特洛
伊王子帕里斯仲裁比美結果

赫耳墨斯　天帝宙斯的小兒子，
母親為擎天神亞特拉斯的長女花
神邁亞。主掌商業、畜牧、旅行、
竊盜等活動之神，性喜惡作劇。
曾偷牽哥哥阿波羅的五十頭牛，
並犧牲兩頭牛，取牛腸作琴弦，
繫在龜殼上做成豎琴，東窗事發
後為阻止阿波羅向宙斯告狀，便
將豎琴送給阿波羅，換得牛隻。
曾經足蹬樹皮鞋故意隱身森林中；

幫父親宙斯殺掉看守愛奧的巨人
阿爾戈斯才安排眾神投票，讓代
表無罪開釋的小石子堆得天高，
自己則夜宿在路旁的小石堆中守
護旅人的安全。宙斯命他為往來
天界與冥府的使者，負責接引亡
魂進入冥域。相當於羅馬神話中
的墨丘利（在煉金術中意指水銀；
在占星術代表水星）。

柏勒洛豐騎乘飛馬帕格薩斯打敗怪獸喀邁拉

帕格薩斯 柏修斯切落梅杜莎肩膀時，自梅杜莎的肩膀誕生的雙翼飛馬，腳蹬地便有泉水湧出。在珀瑞倪泉邊飲水時遭柏勒洛豐捕獲，自此協助柏勒洛豐展開冒險。某次柏勒洛豐想騎著牠上天時，卻被牠摔落，而後進入奧林帕斯山成為神馬。

柏勒洛豐 艾菲爾（註：今稱科林斯城）國王薛西弗斯之孫。在不知自己將有性命危險的情況下，銜里西亞國王之命展開冒險旅程。柏勒洛豐得到飛馬帕格薩斯後，騎著飛馬剷除怪獸喀邁拉，殺死蘇利米戰士，壓制亞馬遜人，里西亞國王感佩他的實力，決定將女兒許配給他，並退讓王位。可惜柏勒洛豐最後因驕傲自滿遭飛馬摔下身亡。

引誘海倫（中）的帕里斯

佩琉斯　愛吉娜島的阿伊克斯之
子。殺死義兄之後亡命弗提亞，
最後來到伊歐科斯，受到當地王
子妃阿斯蒂達米亞傾慕，卻因拒
絕阿斯蒂達米亞而招惹麻煩。後
與海洋女神忒堤斯結婚，生下兒
子阿基里斯。

海倫　希臘第一美女。天帝宙斯
與埃托利亞公主麗姐之子。少女
時曾遭忒修斯擄走，回國後從眾
多求婚中選擇與斯巴達王米奈勞
斯結婚，後來卻被帕里斯帶至特
洛伊而引發特洛伊戰爭。戰爭爆
發十年之後，希臘聯軍終於攻陷
特洛伊城，海倫也終於得以隨夫
婿米奈勞斯回歸故鄉，結束流浪
生涯，從此過著幸福生活，長生
不死。另有其他版本的傳說，例
如死後與阿基里斯結婚，或最後
以上吊結束生命等。

上　佩琉斯（右起第二位）與海洋女神忒
　　堤斯的婚禮
下　珀羅普斯駕車接走喜波姐蜜亞公主

珀羅普斯　西庇羅斯國王丹達羅斯之子。曾遭父親作成菜餚獻給諸神，因諸神垂憐而重獲新生。海神波賽頓贈予他馬匹與戰車，讓他至厄利斯王國向喜波妲蜜亞公主求婚。當時國王奧諾默斯提出賽車獲勝便答應婚事，但落敗就必須受死的條件。不料馬伕為了促成他的婚事與王位，竟暗中在國王的車輪上動手腳，設計國王墜馬身亡。相傳，珀羅普斯在先王喪禮期間在奧林匹亞郊外舉行競技大會，就是奧林匹克運動會的起源。

波賽頓　第一代提坦神領袖克洛諾斯之子。宙斯與祂以及黑帝斯三人劃分神權之後成為海神，負責掌管地震、泉水、河川與馬匹，地位僅次於天帝宙斯。相當於羅馬神話中的尼普頓。居住在海底皇宮中，經常手持三叉戟，腳蹬青銅馬蹄鐵，駕馭黃金鬃毛的白馬戰車，率領海洋怪物巡弋海域。除了與妻子安菲特里特生下人魚特里同，與梅杜莎生下飛馬帕格薩斯，也是許多怪物與暴戾人類的父親。

海神　波賽頓

波呂斐摩斯　獨眼巨族人，海神波賽頓之子

波呂斐摩斯　眼睛遭奧德修斯手下刺傷的波呂斐摩斯

酒神的女祭司們　醉心於酒神狄奧尼索斯獻祭儀式的女性。經常頭戴常春藤冠、身穿獸皮，喜歡在山野間瘋狂舞蹈，有時將樹木連根拔起，甚至將野獸分屍、大啖獸肉。追隨酒神腳步至利底亞、弗里吉亞、希臘等地途中，曾殺死底比斯國王潘修斯與吟遊詩人奧菲歐斯，並將他們分屍。酒神的女祭司群與森林精靈嬉戲或釀造葡萄酒的畫面，為常見的歐洲繪畫題材。

酒神的女祭司們
（古希臘陶繪摹本）

馬西亞斯（左）與阿波羅

馬西亞斯　半人半獸的精靈。部分弗里吉亞地方的守護神。自從撿到雅典娜女神丟棄的兩根笛子後，笛藝進步神速，決定與阿波羅比賽樂器。比賽至最後，諸神認為阿波羅可以倒彈豎琴但馬西亞斯不能，繆斯女神判決祂落敗，結果遭阿波羅剝皮做鼓。

馬爾斯　羅馬神話中的戰神。相當於
希臘神話中的阿瑞斯。羅馬習俗在三
月（戰神月）與十月舉行戰神祭典。
也有部分傳說將祂視為農神。相傳祂
為創建羅馬城的孿生兄弟羅穆路斯與
雷穆斯之父。聖獸為狼。

羅馬戰神馬爾斯（古羅馬
時代浮雕摹本）

邁達斯　弗里吉亞地方的國王。熱情款
待迷路的酒神狄奧尼索斯的老師賽倫
諾斯，而獲賜點金術，凡是他指頭點
過的東西都能變成黃金，但連食物也
都變成黃金讓他大感困擾，於是向酒
神狄奧尼索斯求助。此外，邁達斯在
阿波羅與牧神潘（另一說為精靈馬西
亞斯）的音樂競技中裁判潘獲勝，遂
使阿波羅惱羞成怒，憤而將邁達斯的
耳朵變成驢耳。這件糗事原本只有邁
達斯與他的御用理髮師知道。某日理
髮師為了紓解保密之苦，決定挖地洞
一吐祕密。未料從地洞長出蘆葦，隨
風低語祕密內容，國王邁達斯的驢耳
祕密也因此傳開。

長驢耳的國王邁達斯（中
央）（古希臘陶繪）

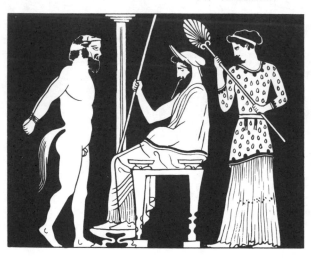

密涅瓦　古羅馬神話中的女神，主掌技藝。與天神朱庇特、天后朱諾並列為朱庇特山之朱庇特神廟中的三主神。地位相當於希臘神話中的雅典娜女神。

邁諾斯　希臘神話中的克里特國王。天帝宙斯與天后赫拉之子，娶太陽神赫利歐斯之女帕喜菲為妃，生下女兒阿麗雅德妮、菲德拉等人。他的王妃後來愛上海神波賽頓所贈與的白牛且懷孕，最後在戴達勒斯的協助下產下牛頭怪獸彌諾陶洛斯。無奈之餘，邁諾斯只好每年自雅典市強徵少男少女各七名，以餵養彌諾陶洛斯。

彌諾陶洛斯　牛頭人身的怪獸。克里特國王邁諾斯的王妃帕喜菲與白牛所生，被藏在戴達勒斯建造的迷宮中吃人肉，最後為忒修斯所剷除。

密涅瓦（古羅馬雕像摹本）

忒修斯剷除怪獸彌諾陶洛斯（中央）。右為克里特國王邁諾斯。

繆斯女神　左起別為：歷史女神克麗歐、喜劇女神泰麗兒、抒情詩女神
愛拉脫、音樂女神尤特碧、聖歌女神波麗海姆妮雅、史詩女神卡莉歐
碧、舞蹈女神特普西可兒、天文女神烏拉妮雅、悲劇女神梅爾波曼。

米蒂亞　科爾奇斯國王艾也特斯之
女，美麗的女巫。因丈夫伊阿宋另結
新歡，欲與科林斯公主結婚而拋棄
她，氣憤之餘，不但殺害科林斯國王
與公主，連自己與伊阿宋所生的兩名
兒子也殺害。事後逃到雅典，與雅典
國王愛琴士結婚。然後又為了讓自己
與愛琴士的兒子墨多斯登上王位，再
度殺害奪取父親王位的叔父。

米蒂亞（左起第二位）
米蒂亞將公羊丟到大鍋中烹
煮，向伊俄爾科斯王國的老國
王珀利阿斯及他的女兒們展示
回春術

繆斯女神 天帝宙斯與記憶女神繆妮摩西妮所生的九位女兒,合稱繆斯女神,個別的職掌直至羅馬時代後期才確立。九位繆斯女神分別為卡莉歐碧(職掌史詩)、克麗歐(職掌歷史)、尤特碧(職掌樂笛)、泰麗兒(職掌喜劇)、梅爾波曼(職掌悲劇)、特普西可兒(職掌舞蹈)、烏拉妮雅(職掌天文)、愛拉脫(職掌抒情詩)、波麗海姆妮雅(職掌聖歌)。

米奈勞斯 (中左)與帕里斯戰鬥

梅列阿格羅斯

米奈勞斯 斯巴達國王,美女海倫的丈夫,哥哥為邁錫尼國王阿加曼農。在特洛伊戰爭中,米奈勞斯正要殺死帕里斯之際,遭到女神阿芙蘿黛蒂阻撓而未能成功。最後他原諒了妻子海倫,在多年軍旅之後與海倫同歸故鄉重拾幸福生活。

梅列阿格羅斯 卡利敦國王歐紐士之子。國土遭大山豬肆虐而舉辦獵山豬大賽,並成功阻止野山豬肆虐國土。狩獵大賽後頒獎給女獵人亞特蘭姐時,因遭兩位舅父揶揄,憤而殺害兩位舅父,使得母親在悲憤交加之下將梅列阿格羅斯的命運之柴扔進火中,梅列阿格羅斯於是隨著木柴燃盡而亡。

古羅馬硬幣上的雙面
門神雅努斯

朱諾

雅努斯　古羅馬時期的神祇，負責看
守城門與家門，腦袋前後各一張臉。
在古羅馬，雅努斯神廟大門開啟代
表開戰，關閉代表和平。由於象徵
事物的開端，因此在古羅馬曆法中，
一月又稱為門神雅努斯之月。

朱諾　羅馬神話中的天后，女性的守
護神。與天神朱庇特、密涅瓦並列
為最受古羅馬人崇拜的三尊神明。
相當於希臘神話中的赫拉。

朱庇特　羅馬神話中的天帝，在朱庇
特山受羅馬人民供奉，相當於希臘
神話的宙斯。朱庇特之名源自印歐
語中的天與光。

拉爾　羅馬的家庭守護神，負責守護
家屋與家庭成員。與培內提斯同受
羅馬民家祭拜。

拉俄墨冬　特洛伊國王，普萊姆之
父。曾請太陽神阿波羅與海神波賽
頓建築古城牆，卻因事後未酬神，
國土慘遭海洋怪物肆虐。

右頁
左起為斯巴達國王廷達瑞斯、
麗姐、即將孵化為海倫的鵝
卵、學生的迪歐斯科里兄弟

朱庇特

拉俄莫冬與女
兒赫西俄涅

瑞婭

拉爾

瑞婭　提坦神族，克洛諾
斯之妻，也是天后赫拉、
冥王黑帝斯、海神波賽頓
之母。人們經常將瑞婭視
為大地之母蓋婭。

麗姐　斯巴達國王廷達瑞
斯之妃。受到天帝宙斯喜
愛，化身天鵝的宙斯使麗
姐懷孕，產下二顆鵝卵。
其中一顆為不死卵，孵化
出海倫與波魯克斯，另一
顆卵則孵化出卡斯特與克
呂泰涅斯特拉。

勒托　提坦神族科耶斯與月
神佛碧之女，因此也被視
為提坦神族。受到天帝宙
斯喜愛並懷孕而遭到天后
赫拉嫉妒，尋找臨盆地點
時遭赫拉百般阻撓，最後
在狄洛斯島產下阿波羅與
阿蒂密絲。

阿波羅與阿蒂密絲兄妹倆聯
手搭救，即將遭巨人提堤奧
斯擄走的母親勒托

文字、圖案

黃道十二星座
雙魚座

【文字】

結合聲音與意思以表達特定語言的記號。有些文字採一字一音制，稱為單語文字或語素文字（如漢字）或表音文字。表音文字又可分為一字一音節的音節文字（如日文的假名），以及用一個字表示聲音的音素文字（如拉丁文）。如果以字形來區分，則可分為所謂的象形文字、楔形文字、方形文字（如希伯來文）等。

西歐諸國的文字發展，在閃米特語族的腓尼基文字之後，埃及的象形文字便與拉丁文字、希臘文字連結，而後又隨著基督教普及，拉丁文字與希臘文字成為近代西歐諸國語言的基礎文字。例如俄羅斯文字便是以希臘文字為範本；最古老的日耳曼語碑文上所雋刻的盧恩文，非常類似拉丁文；聖經譯者烏爾菲拉（Wulfila）依據希臘文字創造哥德字母。至於隸屬凱爾特語的歐甘碑文，文字起源則不詳。

至於使用象形文字的地區，除了古埃及以外，還有古代小亞細亞至克里特島一帶。楔形文字，古代的蘇美文字、亞述文字以至西台文字，甚至古波斯帝國諸位皇帝所流傳下來的大碑文皆屬於象形文字，而且也都是音節文字。此外，隸屬閃米特語系的阿拉伯文字，則是隨著伊斯蘭教信仰擴張，從波斯流傳至印度。不過，印度地區的文字，主要還是以印度教徒所使用的阿拉姆語系文字為主。

上圖為古克里特島使用的象形文字中的線形文字 B（泥版摹寫本）
下圖為復活島的古文字

寫在泥版上的線形文字 A
（阿基拉・特里亞達修道院出土）

漢朝的虎符

【漢字】

源自 3000 年前，中國發展出來的文字。表意文字，表徵象形或抽象概念。後漢許慎所著《說文解字》一書，將漢字依構造與用法分為六書，即六類。漢字的字體，除了現行的楷書、行書、草書三種常用字體，另外尚有數種字體。漢字屬於一字一音節的文字，每個字各自代表特定意義，並且包含形、音、義三要素。漢字曾隨中國文化流傳至周遭其他民族。

左起為漢字「虎」的圖像、金文、甲骨文

【甲骨文】

殷商時期，因占卜發展出來的文字。書寫方式為用刀子在磨平的龜甲或獸骨上刻劃。甲骨文物以殷墟出土為大宗，其上刻有歷代殷商帝王的名號，順序與後世文獻記載幾乎一致。甲骨上的占卜記錄，是巫師用火烤龜甲或獸骨裡側，並觀察徵兆之後刻劃上去。當時的占卜內容通常是關於祭祀、戰爭、狩獵、疾病、生死、乞雨、農耕豐收與否等。中國清末時期羅振玉、王國維等人投入甲骨文的研究。民國之後，則有董作賓率領中央研究院從事與甲骨文相關的考古挖掘，與甲骨文字學研究。

董作賓所寫的甲骨文

【楔形文字】

古代東方的蘇美人、亞述人、西台人、波斯人等民族所使用的文字，流傳範圍極廣，因文字輪廓呈楔形而得名。上述民族多以一端削尖的蘆葦草稈，在泥版上刻寫。書寫方向為橫書，一般由左至右。楔形文字多屬於音節文字，通常伴有子音，不過也有單獨為母音的文字。西元前 3000 年左右蘇美人發明的楔形文字，還是屬於圖畫式的象形文字。

楔形文字。文意為「大王、強大的王、萬物之王……」。

腓尼基字母　表記腓尼基語的表音文字。由代表子音的 22 個字母組成，由右至左橫向書寫。腓尼基文字因為腓尼基人而流傳至各地，成為今日字母的起源。賽普勒斯島與迦太基島出土的碑文中，腓尼基字母可謂大同小異。

上　腓尼基文字，摘自賽普勒斯島出土的碑文

下　維吾爾字母　所謂前位、中位、後位，便是置於字詞前、中、後時的表記

土耳其斯坦的摹寫本	前位									
	中位									
	後位									
《福樂智慧》	頭位									
	後位									
音值		a, e		$o, \ddot{o}, u, \ddot{u}$	g, χ	g, k	i, j	r	l	

《福樂智慧》為突厥詩人兼哲學家哈吉甫以古突厥文完成的敘事長詩

	原始象形文字	古巴比倫詹達特納瑟時代的文字	古巴比倫文字	古亞述文字
鳥				
魚				
驢				
牛				
太陽				
鋤				
足				

楔形文字的原始形式與發展

托特

托特　長著埃及聖鷺的頭部，主掌知識、技術、藝術之神，在天界擔任宰相、書記、判官等職務。有時會化身為狒狒，變成月神。相當於希臘神話中的赫耳墨斯。

維吾爾字母　維吾爾族使用的文字。由伊朗語支中的粟特文字母變化而來，日後成為蒙古文字的起源。西元八世紀時，維吾爾字母成為表記突厥語的文字，至成吉思汗時代成為公用文字。起初為由右至左橫向書寫，後來轉變為由左至右直向書寫。

d, t	$\check{c}, \check{g}$	s	$\check{s}$	z	n	b, p		w, f	m	?

【字母】

表記語言的一連串表音文字。字母的英文名稱 alphabet 是由希臘字母首起兩個音 α（Alpha）與 β（Beta）結合而來。狹義的字母指希臘文字、拉丁文字及相關系統的文字。依最早的可信文獻記載，字母源於閃米特文字，更早之前的歷史不詳，以源自埃及的象形文字一說較為有力。

拉丁字母 一般指英文用的 26 個字母，源自羅馬人使用的拉丁字母。拉丁字母的起源，據信為伊特魯利亞人接觸到表記古希臘西部方言的文字以後所改製的。目前除了半數以上歐洲語文，印度文、土耳其文、越南文等語文也使用拉丁字母表記。

古埃及文	字母	
	音值	3　i　y　e　w　b
古閃米特語	字母	
	音值	'　b　g　d　h　w
古希臘文（最原始）	字母	
	音值	a　b　g　d　e　w,v
現代希臘文	字母	A　B　Γ　Δ　E　Z α　β　γ　δ　ε　ζ
	音值	a　b　g　d　e　z
拉丁文	字母	A　B　C　D　E　F a　b　c　d　e　f
	音值	a　b　k　d　e　f

上　母音的變遷
下　埃及文字

意思	象形文字	僧侶體	通俗體
法老王			
父			
活			
搬運			
ms			
s			

【象形文字】

仿照物體的形狀繪製，由圖像發展出來的單語文字。最古老的象形文字為蘇美文字，西元前 3100 年在美索不達米亞南部首度出現。古埃及聖書體是最具代表性的象形文字。因此在許多地方，象形文字通常指古埃及象形文字，即聖書體。此外，克里特文字、西台文字、漢字等也都屬於象形文字。

希伯來字母

p	f	m	n	r	h	ḥ	ḫ	ẖ	s	š	ḳ	k	g	t	t	d	d

z	ḫ,ē	ṭ	y	k	l	m	n	s	ʿ	p	ṣ	ḳ	r	ś,š	t

dz	h,ē	th	i	k	l	m	n	khs	o	p	s	k	r	s	t

H	Θ	I	K	Λ	M	N	Ξ	O	Π	P	Σ	T	Υ	Φ	X	Ψ	Ω
η	ϑ	ι	κ	λ	μ	ν	ξ	ο	π	ρ	σ,ς	τ	υ	φ	χ	ψ	ω
ē	th	i	k	l	m	n	ks	o	p	r(rh)	s	t	y(=ü)	ph	kh	ps	ō

G.	H	I(J)K	L	M	N	O	P	Q	R	S	T	V(U)X	Y	Z
g	h	i(j) k	l	m	n	o	p	q	r	s	t	v(u) x	y	z
g	h	i,j k	l	m	n	o	p	k(w)	r	s	t	u,w ks	y	z

希伯來字母　表記希伯來語的文字。與腓尼基字母系出同源。由子音附加母音所組成，擁有 22 個子音字母。書寫方向由右至左橫向書寫。約西元前 1400 年，希伯來人進入迦南之地以後所創造的文字，屬於宗教語文。

古埃及文字　古埃及使用的象形文字。據信為今日字母的始祖。埃及文字計約六百字，由三類符號所構成，即圖像文字（圖式化符號）、表音文字（又稱假借字）與限定符號（或稱意符或形符）三大類。一般由右書寫至左。古埃及文的字體隨著時代演進而愈趨簡易，繼聖書體之後，又發展出僧侶體與通俗體。通俗體一直沿用到西元五世紀。

希伯來字母

字母	拉丁字母轉寫	名稱	現代拉丁字母轉寫
		ʼāleph	A
	b	bêth	B
	g	gîmel	G
	d	dāleth	D
	h	hē	E
	w	waw	V
	z	zayın	Z
	ḥ	ḥêth	H
	ṭ	ṭêth	
	y	yôdh	I
	k	kaph	K
	l	lāmedh	L
	m	mêm	M
	n	nûn	N
	s	sāmekh	
	ʿ	ʿayin	O
	p	pē	P
	ṣ	sādhe	
	q	qôph	Q
	r	rêš	R
	s	sîn	S
	t	tāw	T

閃米特字母 （希伯來語）名	腓尼基字母		初期希臘字母		愛奧尼亞文字母		希臘語名
ālāf	⋉	⋆	A	⅄	⋉	α	alpha
bēt	⅃	⅃	B	⋏	B	β	beta
gīmāl	⌐		Γ	⅃	Γ	γ	gamma
dālaṯ	◁		△		△	δ	delta
hē	⅋ (⅋)		F	E	E	ε	ei(epsilon)
wau	Y		⅂				wau, digamma
zayin	I	⌶	I		I (Z)		zeta
hēt	⊟	目(目)	⊟		H	η	eta
tēt	⊕		⊕		Θ	θ	theta
yod	Ⴭ		ϟ	S	I	ι	iota
kaf	Ⴘ	⊬	K		K	κ	kappa
lāmād	⌊		⋀		⋀	λ	lambda
mēn	⋛	⋔	M	M	M	μ	mu
nūn	⋏	⋎	N		N	ν	nu
sāmāk	⌹		(⌹	王)	Ξ	ξ	xei(xi)
ayin	◯		O		O	o	ou(omikron)
pē	⌐		Γ	Γ	Π	π	pei(pi)
sādē	⊦		M				san
kof	Φ		ϙ				koppa
rēš	⌐		P	P	P	ρ	rho
šin	W		Ϟ	⋞	Σ	σ ς	sigma
tau	✛	X	T		T	τ	tau
			Ⅴ	Y	Y	υ	y(ypsilon)
			Φ		Φ	φ	phei(phi)
			X		X	χ	khei(khi)
					Ψ	ψ	psei(psi)
					Ω	ω	o(omega)

上 希臘文字的變遷
右頁 塞普勒斯文字與解讀後的音值
下 克里特文字 線狀文字 B 與音值

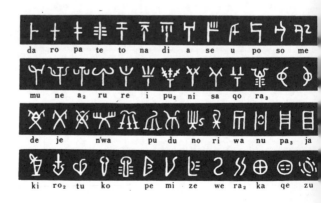

a	✳	e	✳	i	✳	o	✳	u	ϒ
ka		ke		ki		ko		ku	
ta		te		ti		to		tu	
pa		pe		pi		po		pu	
la		le		li		lo		lu	
ra		re		ri		ro		ru	
ma		me		mi		mo		mu	
na		ne		ni		no		nu	
ja						jo			
wa		we		wi		wo			
sa		se		si		so		su	
za						zo			
		xe							

希臘字母　西元前十至前九世紀，古希臘人借用腓尼基字母，並加入希臘文的必備要素所創立的。最初，希臘文字分為東、西兩大系統。東希臘文字系統擁有 24 個字母，西元前 403 年為雅典城邦採用之後普及各地。古希臘文書均使用大寫字母，小寫字母、音標符號的區分使用則為後世發展出來的。

塞普勒斯文字　音節文字。與邁錫尼的線形文字 B 屬於同系統。西元前六至前三世紀期間，塞普勒斯發展出碑文，其中部分為希臘文，其餘部分的碑文至今仍無法解讀。塞普勒斯文字約有 55 個字母，母音無長音、短音的區分，子音不但無清音、濁音或氣音的區別，也無法連續標記，因此可判定並非希臘人所發明的文字。

克里特文字　也稱為米諾斯文字。西元前 2000 年，克里特與邁錫尼文化圈所使用文字的總稱。分為象形文字（西元前 1700 年以前）與線形文字 A、B。線形文字 A 為西元前 1800 年至前 1500 年時期的文字，據信屬於小亞細亞地區的印歐語系文字或閃米特語系文字。根據麥可・文特里斯（Michael Ventris）解讀，線形文字 B 是根據線形文字 A 所創，因此可確定是希臘文字。

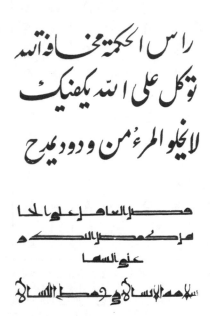

文字	名稱	音值
	alif	ʾ
	bā	b
	tā	t
	thā	th
	jīm	j
	ḥā	ḥ
	khā	kh
	dāl	d
	dhāl	dh
	rā	r
	zā	z
	sīn	s
	shīn	sh
	ṣād	ṣ
	ḍād	ḍ
	ṭā	ṭ
	ẓā	ẓ
	ʿain	ʿ
	ghain	gh
	fā	f
	qāf	q
	kāf	k
	lām	l
	mīm	m
	nūn	n
	hā	h
	wāw	w
	yā	y

上　阿拉伯文　謄抄体
下　阿拉伯文　庫法字體
右　阿拉伯字母的名稱與音值

右頁下
薩珊王朝公用的巴勒維字母

阿拉伯字母　承襲北閃米特語所使用的阿拉米文字。有 28 個子音，與其他閃米特語的文字相同，書寫方向皆為由右至左。阿拉伯語、伊朗語、印度語、馬來語等語言皆用阿拉伯字母表記文字。創立於西元四世紀末至五世紀，流傳甚廣，在現代僅次於拉丁文字。

| a | b | g | d | ḏ | h | w | z | ḥ | ẖ | ṭ | z | y | k |

| l | m | n | s | o | ġ | p | ṣ | ḍ | q | r | š | t | ṯ |

南阿拉伯字母　屬於南閃米特文字系統

古敘利亞文　圈式與線式（下）

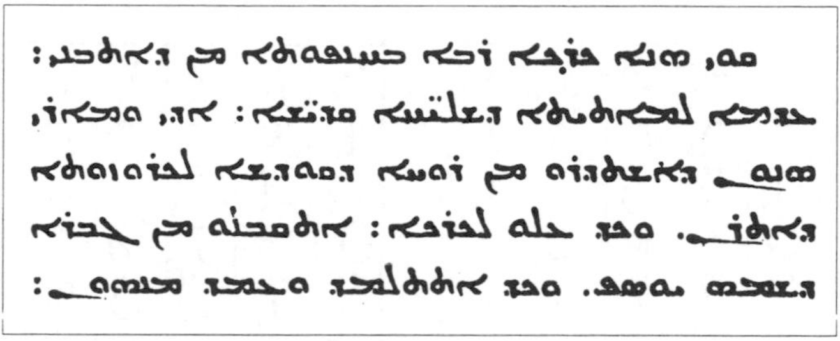

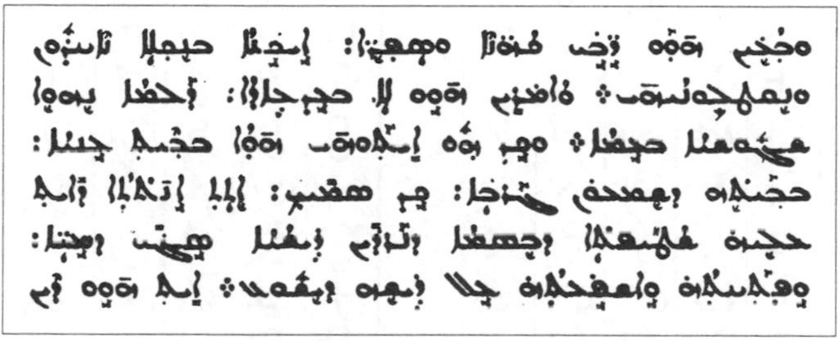

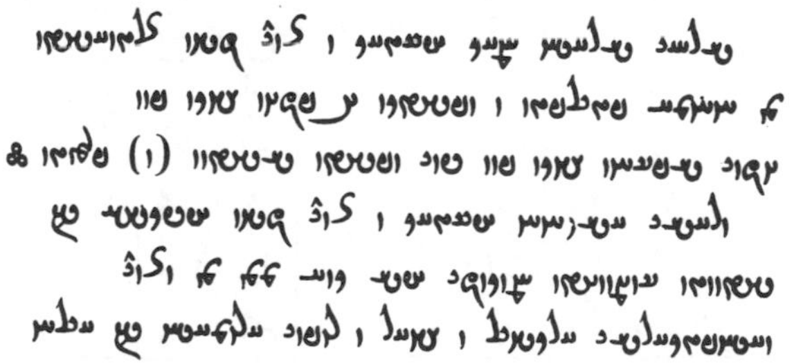

喬治亞字母　屬於南高加索語系，並且是喬治亞共和國的語言。自西元五世紀起便有文獻以喬治亞文記載。喬治亞文共有 33 個字母，形態特異，類似亞美尼亞字母。

喬治亞文字的字體演變（左表同）

字體演變				
五世紀	十世紀	十一世紀	十五世紀	現代活字體

字體演變				
五世紀	十世紀	十一世紀	十五世紀	現代活字體

俄羅斯文　上圖為 1951 年在大諾夫哥羅德（俄羅斯最古老的城市）所出土的《白樺文書》抄本。《白樺文書》以西里爾字母表記，以獸骨刻劃白樺樹皮書寫而成，為十一世紀的文物。

Ⴎ	Б	В	Г	Д	Е	Ж	З(S)	З	Н	І	К	Λ	М	N	О	П	Р	С	Т	ΟΥ(Ȣ)	ф
a	b	v	g	d	e	ž	dz	z	i	i	k	l	m	n	o	p	r	s	t	u	f

Ѳ	Х	Ѡ	Ц	Ч	Ш	Ъ	Ы	Ь	Ѣ	Ю	Ꙗ	ІЄ(ꙙ)	Ѧ	Ѫ	Ꙗ	Ꙙ	Ѯ	Ѱ	ѵ(ү)
th	ch	o	št	c	č	š	b	y	b	ě	ju	ja	je	ę	ǫ	ię	iǫ	ks	ps	ü

十一世紀的古斯拉夫文字母與音值

俄羅斯字母　九世紀時，聖西里爾（Saint Cyril）以希臘文的小寫字母為基礎，創造出適合斯拉夫文書寫的格拉哥里字母。而後聖西里爾的弟子聖克里門（Saint Clement）又依據希臘文的大寫字母創作出西里爾字母。這兩套字母系統均為古俄羅斯教會的古斯拉夫文獻所採用。接著，俄皇彼得大帝推動文字改革，統一文字，為現代俄羅斯文的文字體系奠定基礎。

格拉哥里字母與音值

Ⴕ	Ⴞ	Ⴂ	Ⴃ	Ⴄ	Ⴅ	Ⴆ	Ⴇ	Ⴈ	Ⴉ	Ⴊ	Ⴋ	Ⴌ	Ⴍ	Ⴎ	Ⴏ	Ⴐ	Ⴑ	Ⴒ
a	b	v	g	d	e	ž	ʒ	z	i	i	i	ǵ	k	l	m	n	o	p	r	s	t

Ⴣ	Ⴤ	Ⴥ	Ⴞ	Ⴈ	Ⴗ	Ⴝ	Ⴘ	Ⴙ	Ⴚ	Ⴛ	Ⴜ	Ⴄ	Ⴑ	Ⴐ	Ⴄ	Ⴟ	Ⴠ	Ⴡ	Ⴢ
u	f	th	x	ʰw	št	c	č	š	ъ	y	b	ě	ju	ę	ǫ	ę,ię	iǫ	ü

悉曇字母	拉丁字母	悉曇字母	拉丁字母	悉曇字母	拉丁字母
（悉曇）	a	（悉曇）	kha	（悉曇）	dha
（悉曇）	ā	（悉曇）	ga	（悉曇）	na
（悉曇）	i	（悉曇）	gha	（悉曇）	pa
（悉曇）	ī	（悉曇）	ṅa	（悉曇）	pha
（悉曇）	u	（悉曇）	ca	（悉曇）	ba
（悉曇）	ū	（悉曇）	cha	（悉曇）	bha
（悉曇）	e	（悉曇）	ja	（悉曇）	ma
（悉曇）	āi (ai)	（悉曇）	jha	（悉曇）	ya
（悉曇）	o	（悉曇）	ña	（悉曇）	ra
（悉曇）	āu (au)	（悉曇）	ṭa	（悉曇）	la
（悉曇）	aṃ (aṃ)	（悉曇）	ṭha	（悉曇）	va
（悉曇）	aḥ	（悉曇）	ḍa	（悉曇）	ca (śa)
（悉曇）	ṛi (ṛ)	（悉曇）	dha	（悉曇）	ṣa
（悉曇）	r̄ (r̄)	（悉曇）	ṇa	（悉曇）	sa
（悉曇）	ḷi (ḷ)	（悉曇）	ta	（悉曇）	ha
（悉曇）	ḹi (ḹ)	（悉曇）	tha	（悉曇）	llaṃ
（悉曇）	ka	（悉曇）	da	（悉曇）	kṣa

字母	अ	आ	इ	ई	उ	ऊ	ऋ	ॠ	ऌ	ॡ
音值	a	ā	i	ī	u	ū	ṛ	r̄	ḷ	ḹ
字母	ए	ऐ	ओ	औ	क	ख	ग	घ	ङ	च
音值	e	ai	o	au	k	kh	g	gh	ṅ	ch
字母	छ	ज	झ	ञ	ट	ठ	ड	ढ	ण	त
音值	ch,h	j	jh	ñ	ṭ	ṭh	ḍ	ḍh	ṇ	t
字母	थ	द	ध	न	प	फ	ब	भ	म	य
音值	th	d	dʰ	n	p	ph	b	bh	m	y
字母	व	र	ल	ग्र	म	ष	स	ह	:	·
音值	v	r	l	ç		sh	s	h		ṃ

梵語　屬於印歐語系印度語族的一支，意為「已完成的語言」。其語彙、音韻、語法都類似阿維斯陀語及古波斯人以楔形文字記錄的語言。語源為入侵古印度的亞利安人上流階層所使用的吠陀語。西元前五至前四世紀時，波你尼以印度西北部的語言為基礎建立梵語文法，梵語至此終於出現固定的語法。

梵文　印度地區使用的文字，音譯為婆羅米文。紀元前後，印度有兩大文字系統，一為源自閃米特語文字的婆羅米文字，另一為佉盧文字。梵文後來演變為由笈多文發展而來的悉曇文，西元七世紀時演變為發達的那格利文，西元十世紀時定型為天城文。現在，梵語與印地語的印刷字體均採用天城文。

悉曇文字　梵語的書寫體之一，用來表記語音。古印度流傳兩種文字，一為婆羅米文字，另一為佉盧文字。婆羅米文字隨著佛教向外散布，傳至中國與日本便為悉曇文字。十世紀，天城文在印度興起，悉曇文字逐漸沒落，至今已不再使用。

右　蒙古文字例文

左頁
上　悉曇文字與字母音值
下　梵文天城體的字母與音值

阿育王朝文字		a	ka	ta	pa	ya
笈多文						
阿育王朝文字						
北印度	天城文					
	古吉拉特文					
	孟加拉文					
	奧里亞語					
南印度	坎那達語					
	泰盧固文					
	坦米爾語					
	西藏文					
	緬甸文					
	泰文					
	柬埔寨文					
	爪哇文					
	望加錫文					
	巴塔克文					

印度文字系統　許多東南亞地區的文字源於印度文字，後來才各別發展出獨特的文字形式。

爪哇文　隸屬印度文字系統，屬於音素兼音節的文字，由左邊開始橫向書寫。最早刻寫於貝葉（註：一種棕櫚樹葉）上。

泰文 屬於單音文字。共有 44
個子音字母、28 個母音字母與
4 個音調符號。由左至右橫向
書寫。

上　子音字母表
下　母音字母表

子音字母							
字母	音值	字母	音值	字母	音值	字母	音值
ก	k	ฌ	tʃ'	ท	t'	ป	j
ข	k'	ญ	j	ธ	t'	ร	r
ฃ	k'	ฎ	d	น	n	ล	l
ค	k'	ฏ	t	บ	b	ว	w
ฅ	k'	ฐ	t'	ป	p	ศ	s
ฆ	k'	ฑ	t'	ผ	p'	ษ	s
ง	ŋ	ฒ	t'	ฝ	f	ส	s
จ	tʃ	ณ	n	พ	p'	ห	h
ฉ	tʃ'	ด	d	ฟ	f	ฬ	l
ช	tʃ'	ต	t	ภ	p'	อ	ʔ
ซ	s	ถ	t'	ม	m	ฮ	h

*—代表子音字母的位置，最下層為音調符號

母音字母						
–ะ (–ั)	–า	–ิ	–ี	–ึ	–ื	–ุ –ู	เ–ะ (เ–็)	เ–
a	a:	i	i:	ɯ	ɯ:	u　u:	e	e:
แ–ะ (แ–็)	แ–	โ–ะ (– –)	โ–	เ–าะ	–อ		
æ	æ:	o	o:	ɔ	ɔ:		
–ัวะ	–ัว (–ว–)	เ–ียะ	เ–ีย	เ–ือะ	เ–ือ	
uə	u·ə	iə	i·ə	ɯə	ɯ·ə	
เ–อะ	เ–อ (เ–ิ)	ไ–	ใ–	เ–า	–ำ	
ə	ə·	ai	ai	au	am	

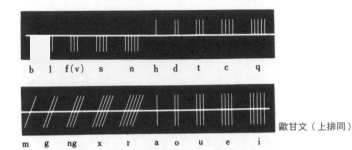

b	l	f(v)	s	n	h	d	t	c	q

歐甘文（上排同）

m	g	ng	x	r	a	o	u	e	i

盧恩文
摘自瑞典石碑
（五世紀）

f	u	þ	a	r	k	g	w	h	n	i	j

盧恩文
摘自瑞典貨幣
（六世紀）

e	p	z,ʀ	s	t	b	e	m	l	ng	o	d

歐甘文 古愛爾蘭文獻所使用的文字。有關歐甘文字碑，愛爾蘭本島上殘存約 300 件，不列顛群島上殘存約 6000 件。

　　右 發現於瑞典烏普沙拉近郊所的石碑。製作年代約為西元 1050 年。碑面刻有滑雪、狩獵等圖畫與盧恩文。

盧恩字母 西元三、四世紀起至中古世紀末葉，日耳曼民族所使用的特殊字母。盧恩文隨著使用年代而有所演變，但最早是由 24 個字母組成。斯堪地那維亞半島的北歐居民與英國居民曾長期使用盧恩文，留下許多碑文或摹寫本等文獻資料。有說法指出盧恩文為哥德人所創，但以源自北義大利的伊特魯利亞文之說較為可信。

荷魯斯之眼　埃及象形文字。表示穀物的計量單位「Hekat」。荷魯斯之眼的各部位代表分數。

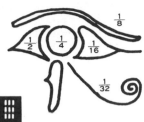

埃及數字
下為僧侶體

1	2	3	4	5	6	7	8	9		
10	11	12	20	40	100	200	1000	10000		

1	2	3	4	5	6	7	8	9	10	20	30
40	50	60	70	80	90	100	200	1000	2000		

巴比倫數字

1	2	3	4	5	6	7	8
9	10	12	20	23	100	1000	

希臘數字

α'	β'	γ'	δ'	ε'	ζ	ζ'	η'
1	2	3	4	5	6	7	8
θ''	ι	$\varkappa$	λ	μ	ν	ξ	o
9	10	20	30	40	50	60	70
π	G	ρ	σ	τ	υ	ϕ	χ
80	90	100	200	300	400	500	600
φ	ω	$\mathcal{D}$	α	β	γ	$\overset{\alpha}{\mathrm{M}}$
700	800	900	1000	2000	3000	10000	

【數字】

表示數量的文字。最初，人類在木頭等物體上刻劃以計算數量，後來才逐漸發展出各種數字。例如，希臘以字母記錄數量。現行的阿拉伯數字源自印度，與漢字數字同為十進位。現在某些地區或某些場合仍會採用五進位與十進位並用的羅馬數字。

數字的歷史
古巴比倫數字依序表示為 1、10、60、600。古埃及數字依序表示為 1、10、100、1000、10000。古希臘與古羅馬數字依序表示為 1、5、10、50、100、500、1000。古中國數字依序表示為 1 至 10。寮國及以下所列的數字則表示為 0 至 9。

古巴比倫				
古埃及				
古希臘				
古羅馬				
古中國				
寮國				
柬埔寨				
緬甸				
古印度（梵文）				
阿拉伯文				
中古世紀的歐洲				
算數用數字	0 1 2 3 4 5 6 7 8 9			

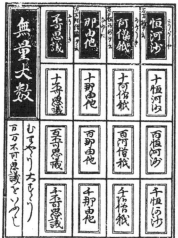

日本《塵劫記》中的數字說法　兆之上還有九位數。極的萬萬倍為恆河沙數。最大數為無量大數，相當於不可思議的萬萬倍。

註：《塵劫記》為吉田光由著於 1627 年，著作靈感得自中國明朝數學家程大位所著的《演算法統宗》。

中國的數字　右行末兩字為 -2× 與 654，中行上部為 174（摘自《測圓海鏡》）

阿拉伯數字　現代各國採用的算數用數字。起源於印度，流傳至阿拉伯後經阿拉伯人改良，而後又流傳至歐洲。在斐波那契（Fibonacci）的著作《計算之書》（1202）問世之後成為普及的數字寫法。

羅馬數字　古羅馬時代使用的數字。現代在編號或鐘錶上有時也會採用羅馬數字。1、5、10、50、100、500、1000 分別寫成 I、V、X、L、C、D、M。有時最左方的數字會小於次位數字，則代表該數字應為次位數字（即較大的數字）減去最左方數字後所得的數值（例如 IX 代表 9）。

為高弦以倍之得恆
剛為重股復以邊股乘
得二萬三千四百〇九

【結繩】

以結繩方式表示數量或文字，為印加帝國記錄數量的方法，也稱為奇普。在印加帝國，結繩記事是國家處理納稅事務不可欠缺的專業技能。

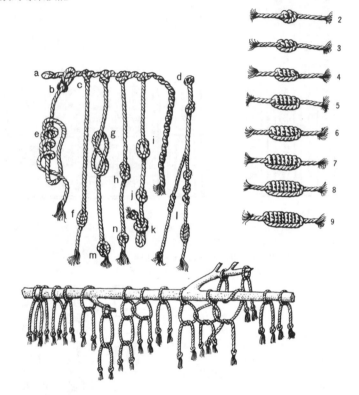

右上　結繩記數
左上　結繩字母
下　美國印地安人的結繩

【速記】

在演講、談話、議事等場合快速逐字記錄談話內容的方法。記錄方法為先以特殊記號暫時記錄談話內容，會後再譯寫成普通文字。速記記號分為兩大派系，一派為簡化文字的草書派，另一派為利用點線組合作為速記符號的幾何派。希臘早在西元前四世紀時便發展出速記，近代速記則約在十六世紀末發展成形。

皮特曼速記法 英文

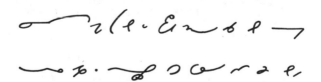

P	B	T	D	Ch	J	K	G	F	V	Th	Dh	S	Z	Sh	Zh

M	N	Ng	L	R	W	Y	H	a	e	i	o	u	oo

杜洛耶速記法 法文

P	B	T	D	F	V	Q	Gue	L	R	M	N,Gn	J,Ch	S,Z

a,oi	o,ou	è,é	i,ill	u	eu

統一式速記法 德文

T	G	B	M	D	F	Z	W	P	H	Ch	R	K	N	Ng	L	S

i	ü	e	a	u	au	ei	ä	o	ö	eu	äu

格雷格速記法 英文

K	G	R	L	N	M	T	D	Th	a	a:	ei	i	e	i:

P	B	F	V	Ch	J	S	Sh	H	Ng	o	ou	o:	u	oo	oo:

速記　上述四種速記符號系統分別表記四種歐美語文的基礎文字。最後則是用格雷格式速記法，記錄下列英文的結果：I am going to show by testimony of experts, your Honor, that it takes much longer to search and classify this print than the witness testified.

點字　英文字母與數字的點字表示法（從凹面所見的點字形式）

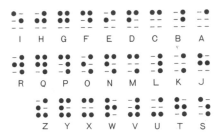

I	H	G	F	E	D	C	B	A

R	Q	P	O	N	M	L	K	J

Z	Y	X	W	V	U	T	S

5	4	3	2	I	數字記號

小數點記號　0　9　8　7　6

雷明頓父子公司出產的打字機

【點字】

盲人使用的文字。以凸出於頁面的數點為一組來表示某個字母或符號，方便盲人藉由手指觸摸方式閱讀。1829 年，法國視障者路易‧布萊爾（Louis Braille）發明點字機。由縱向與橫向的數個凸點表示一個字母，且縱向凸點數在三點以內，橫向凸點數在兩點以內。

【打字機】

用手指敲打鍵盤打出文字的機器。1714 年，英文打字機在英國問世，1874 年由美國的雷明頓父子公司開發成商品。前面設有鍵盤，鍵盤由符號鍵與數字鍵等按鍵組成；使用時需以兩手手指敲打鍵盤。

ABCDEFGHIJKLMNOPQRSTUVWX
YZ abcdefghijklmnopqrstu
vwxyz 1234567890%$£¥&#§¾

用打字機打出的文字範例

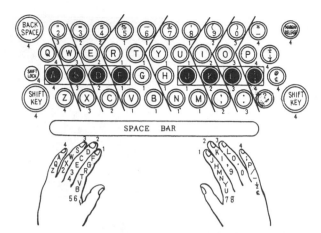

按鍵與指法分工　BACK SPACE：倒退鍵，回到原先的位置，以便重新繕打的按鍵。MARGIN RELEASE：邊界鬆放鍵，想在行的左右兩邊留白部分打字時的按鍵。SHIFT KEY：位移鍵，想打出大寫字母或其他符號時，便可用另一手的小指按壓此鍵。SHIFT LOCK：位移鎖定，想要連續打出大寫字母時可先按下此鍵。黑色鍵為引導鍵。

打字機的構造

【印刷】

大量複製文字、照片或圖畫的技術，一般是讓印刷版著墨後轉印在紙張上。雕版或木版印刷也是印刷的一種，但通常指的是工業生產技術領域的印刷。十五世紀德國人古騰堡發明鉛活字版後，印刷術方為盛行。

Jncipit liber bresith que nos genesim
In principio creauit deus celu & terram. Terra autem erat inanis et
vacua: et tenebre erat sup facie abissi.
et sps dni ferebat sup aquas. Dixitqz
deus. Fiat lux. Et facta e lux. Et vidit
deus lucem qp esset bona: & diuisit luce
a tenebris. appellauitqz lucem diem &
tenebras noctem. Factuqz est vespe et
mane dies vnus. Dixit qz deus. Fiat
firmamentu in medio aquaz: & diui
dat aquas ab aquis. Et fecit deus fir
mamentu: diuisitqz aquas que erat
sub firmamento ab hijs q erant sup
firmamentu. et factu e ita. Vocauitqz
deus firmamentu celu: & factu e vespe
et mane dies secud. Dixit vero deus.
Congregent aque que sub celo sut in
locu vnu & appareat arida. Et factu e
ita. Et vocauit deus aridam terram:

左頁

上 活版印刷術發明後的活版印刷廠一景。右前方的作業員正在為印刷機的活字刷上印墨，後方的作業員則正在進行撿字作業。

下 最初以活版印刷出版的聖經（1460年代）。據信為古騰堡所印製。

右 清朝《武英殿聚珍版全書》的印刷作業情形。圖為排版作業。

下 歐洲早期的印刷工廠

【首字】

姓名或文章等的第一個字稱為首字。姓名的首字經常作為署名的簡寫。歐洲文書中帶有裝飾花紋的大寫首字俗稱首字花飾，在古代、中古世紀的手抄書中經常可見。隨歐洲印刷技術發達，設計精美、特殊的歐洲花押活字也隨之問世。

左圖為波伊提烏的著作《哲學的慰藉》（1498 年版本）

上圖為柯姆史考特出版的《丁尼生詩集》

柯姆史考特版　1890 年，由英國人威廉・莫里斯創立的柯姆史考特出版社所印製的活版印刷品。當時墨里斯運用三種自創的活字體嘗試藝術性出版，對後代的印刷與出版產生莫大影響。《喬叟作品集》堪稱該社出版品的經典。

威廉・莫里斯（William Morris）英國詩人、工藝家。1861 年，與愛德華・伯恩－瓊斯（Edward Burne-Jones）、但丁・加百利・羅塞蒂（Dante Gabriel Rossetti）等人創立墨里斯・馬修・福克納商會，從事磁磚、室內裝飾品、壁紙等的圖案創作與製作工作。1890 年代，他創立柯姆史考特出版社，致力於印刷與裝幀事業。

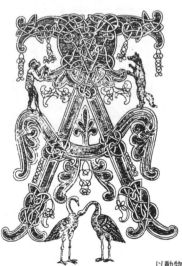

以動物與藤蔓花紋裝飾的大寫字母 A

THIS IS THE PICTURE OF THE OLD
HOUSE BY THE THAMES TO WHICH
THE PEOPLE OF THIS STORY WENT.
HEREAFTER FOLLOWS THE BOOK IT.
SELF WHICH IS CALLED NEWS FROM
NOWHERE OR AN EPOCH OF REST &
IS WRITTEN BY WILLIAM MORRIS.

上　收錄於《烏托邦書簡》扉頁
的木版畫「柯姆史考特莊園」

右　伯恩—瓊斯為《戀愛才是一
切》繪製的插畫

莫里斯設計的花飾活字，供首字排版之用

【藏書票】

歐美書籍收藏家貼在藏書內側的標籤。藏書票上除了印有創意圖案與名言佳句，還會加上收藏者的姓名，指明為某人的藏書，並貼在書籍封面內側。

右 世界上最古老的藏書票
德國布克斯海姆的卡爾特修道院所獲贈的藏書票（約1480年）

William Penn Esqr. Proprietor of Pensylvania 1703

MORIBVS ANTIQVIS

Ex Libris Alexandri.
Petavii in Francorum
Curia Consiliarij Pauli filij

Le Chr. De Bellehache
officier de Cavalerie au Regt. D'Artois
1771

JOHN PINTARD, LL. D.

私人藏書票

左上　格羅弗・克里夫蘭（美國）

右上　約翰・平塔德（美國）

左下　馬歇爾・柯利弗德（美國，1894）

右下　法蘭西斯・威爾遜（美國）

左頁

左上　哈佛大學的阿諾德植物園（美國，1892）

右上　威廉・潘（美國，1703）

左下　亞歷山大・佩太維（法國）

右下　瑟薛・達・貝樂阿許（法國，1771）

左上　馬丁路德主要支持者史班格勒的藏
書票杜勒作品（1515）
右上　美國第一任總統喬治・華盛頓的藏
書票
左中　康維斯的藏書票（洛可可式，1762）
右中　威廉・休爾的藏書票（1699）
左下　尼古拉・培根爵士的藏書票

左頁　法國私人藏書票
左上　格魯梅的藏書票
右上　亞歷山大・傑佛羅亞的藏書票
左中　克雷西索的藏書票
右中　威廉・斯隆・肯尼的藏書票
左下　巴魯卡羅的藏書票
右下　馬雷的藏書票

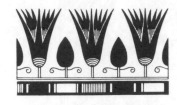

【圖案】

物體或織品表面的裝飾圖形
或圖紋。舉凡人體、衣服、
器物、家具、工藝品、建築
物等眾多物品皆為圖案裝飾
的對象。圖案有幾何圖案、
具象圖案等數種類型。圖案
的主題則有動植物、波紋、
漩渦等自然景物，或直線、
曲線、符號、圖形等。

2

3

4

5

6

7

8

9

10

各種圖案 1. 綻放的蓮花與花苞（埃及） 2. 藤蔓（波斯） 3. 太陽與羽翼（埃及） 4. 繩（亞述） 5. 連環漩渦圖形與薔薇花飾的組合 6. 章魚（愛琴文明） 7. 幾何圖形（希臘） 8. 幾何圖形（羅馬） 9. 抽象圖形（拜占庭帝國） 10. 阿拉伯式花紋（伊斯蘭） 11. 幾何圖形（德國，文藝復興風格） 12. 幾何圖形（哥德風格） 13. 莨苕葉形（法國，巴洛克風格） 14. 石貝裝飾物（法國，洛可可風格） 15. 朱雀（中國漢代） 16. 抽象圖形（分離派風格） 17. 百合花（新藝術風格） 18. 雲氣紋（中國唐朝） 19. 抽象圖形（中央婆羅洲） 20. 喜字（中國）

【蔓草紋飾】

參考盤根錯節的藤蔓植物而創作出的圖形、花紋。相傳是由阿拉伯風格的圖案變化而來。日本隨著舶來紡織品、佛教裝飾品的傳入，開始流行蔓草紋。蔓草紋中常見的植物圖樣有忍冬、寶相花（註：中國唐代所流行的假想團形花卉紋飾，並非特定自然花卉的名稱）、菊花、牡丹等。其應用可見建築、家具、服飾等領域。

下 世界各地的蔓草紋

埃及

亞述

邁錫尼

希臘

希臘

羅馬

【忍冬紋】

葉呈寬扇狀的植物圖樣。常以根部呈漩渦狀，並朝左右兩端延伸的連續圖樣呈現。由於花形類似忍冬花而得名。隨著佛教藝術的流傳而普及，在忍冬紋之後興起的是葉形更形複雜的牡丹紋飾。

上　希臘的忍冬紋二例

印度阿占塔

犍陀羅

阿富汗（貝格拉姆）

中國新疆基吉（著名的佛教石窟「千佛洞」的遺址）

中國雲岡

印度阿占塔　　中國響堂山

阿拉伯風紋飾　左兩圖為阿拉
伯風格建築的浮雕裝飾（十五
世紀）

上圖為文藝復興時期北歐流行
的紋飾

【阿拉伯紋飾】

裝飾圖紋的一種。狹義的阿拉伯
紋飾單指伊斯蘭藝術中，仿照蔓
草莖縱橫交錯的優美線條，並以
簡化的植物圖形作為主題，以左
右對稱的方式布局主題的紋飾。

廣義的阿拉伯風紋飾則泛指擷取
植物、鳥獸、人物等圖形元素的
紋飾，包含蔓草紋、穴怪圖像
（grotesque）的紋飾。常用在建
築物內外壁面或地板。

阿拉伯文庫法體紋飾
（註：庫法體為可蘭經
文的印行字體）

伊斯蘭書法與紋飾

【幾何紋飾】

藉由直線或曲線的組合而成的抽象紋飾。以直線組成的紋飾有並列圖形、格紋、棋盤格、卍字、菱格紋等。以曲線組成的紋飾有波浪紋、渦捲紋、連接的圓環紋等。

希臘化時期中義大利陶繪的幾何紋飾

古希臘陶繪紋飾

混合抽象與植物圖形而成的紋飾

後漢的磚紋

法國洛可可時期的石貝製裝飾物

新藝術風格紋飾

【獸面紋】

商周時期，青銅器上經常出現的怪獸紋飾。特徵為誇張的大口、眼睛與曲角等的怪獸圖樣，圖樣左右對稱。商周時期青銅器的基本紋飾，其後更發展出虺龍紋、夔鳳紋。

右　夔鳳紋的演變
上起依序為周朝、西周前期、商朝、商周（以上皆為拓印本）

圖形化的喜字

下　蟠螭紋的演變

左上圖為西周後期，右上圖春秋中期，左下圖為春秋後期，右下圖為戰國時代（以上皆為拓印本）。

燙金　在紗、綾、緞、繻等紡
織品上，以金箔燙押出牡丹
紋、蔓草紋等紋飾。

上　牡丹燙金
右　鳳紋（唐朝石碑拓印本）

中國紋飾
上起依序為象紋、
蛇紋、忍冬紋

【招牌】

店頭揭示商號、販賣商品、營業
項目等的標誌。如理髮店的紅白
相間色棒、酒吧的常春藤條束、
當舖的三顆金球等標誌皆為眾
人熟知。至於理髮店使用紅白色
棒作為招牌的緣由，來自早期的
理髮店兼營放血療法，因此以紅
白色棒中的白色象徵施行放血
療法所需的繃帶。而酒吧在招牌
中置入常春藤，則是由於古羅馬
人以常春藤作為供奉酒神巴卡
斯的獻禮。

西洋的招牌 1.燒烤店（十一
世紀） 2.旅館（十八世紀）
3.傘舖 4.酒吧（十八世紀）
5.當舖 6.辣椒舖 7.理髮店
（十八世紀） 8.打鐵舖

下列四圖左起為古羅馬時代刻印在燈油皿上，燒陶師傅的商標。最
右圖為刻印在磁磚上的商標。最下圖為1470年代歐洲某出版社的商
標。

【商標】

經營者為了區分自己與他人的
商品所使用的標誌。商標通常為
文字、圖形、符號，或是以上要
素的結合，甚至再結合色彩。性
質類似商標的識別標誌自古就
有，至十九世紀後半，歐美各國
更制訂商標保護法以保證商品
的信譽。

同業公會 十一世紀以後，西歐各國的商人為了排除封建領主的壓迫或外來者的競爭，以達成獨佔生產或市場的目的，商人或手工業者便組織同業公會，以便互相協助。關於同業公會的實質業務內容，在商人工會像是統一商品的份量、實行獨家經銷制度等；手工業工會則是推動會員制，以享有原料與商品的品質、價格、經銷通路等各方面特權。不過，工業革命掀起後，同業公會的力量及為了獨佔市場所推動的制度便隨之沒落，幾近消失。

上 英國倫敦城市行業協會的雜貨店認證徽章
下 同業公會的制服（英國，十五世紀）

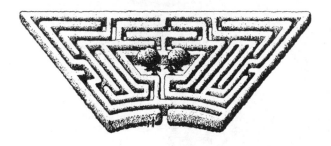

上　法國沙特爾大教堂的迷宮平面圖

下　倫敦漢普頓宮庭園內，以灌木叢圍成的迷宮

【迷宮】

設計彎曲、迂迴的路徑，並在多處設置岔路，使人一旦進入便無法輕易走出，或是無法深入內部目的地的設施。迷宮的英文labyrinth 即是源自希臘神話中，雅典工匠戴達勒斯為克里特國王米諾斯所設計的複雜宮殿之名。相傳這座迷宮就位於克里特島上的克諾索斯宮境內。

改變世界的萬物事典
——看得見的人類文明演化型錄

作　　者	平凡社編輯部	
譯　　者	黃郁婷	
封面設計	莊謹銘	
排版構成	賴姵伶	
行銷企劃	蕭浩仰、江紫涓	
行銷統籌	駱漢琦	
業務發行	邱紹溢	
營運顧問	郭其彬	
協力編輯	嚴可婷	
責任編輯	劉文琪	
副總編輯	何維民	
總 編 輯	李亞南	

出　　版	漫遊者文化事業股份有限公司
地　　址	台北市松山區復興北路 331 號 4 樓
電　　話	(02) 2715-2022
傳　　真	(02) 2715-2021
服務信箱	service@azothbooks.com
網路書店	www.azothbooks.com
臉　　書	www.facebook.com/azothbooks.read
營運統籌	大雁文化事業股份有限公司
地　　址	台北市松山區復興北路 333 號 11 樓之 4
劃撥帳號	50022001
戶　　名	漫遊者文化事業股份有限公司
二版一刷	2022 年 3 月
二版二刷	2023 年 6 月
定　　價	台幣四二〇元

ISBN 978-986-489-596-0
版權所有・翻印必究（Printed in Taiwan）

國家圖書館出版品預行編目(CIP)資料

改變世界的萬物事典：看得見的人類文明演化型錄 / 平凡社編輯
部編著；黃郁婷譯. -- 二版. -- 臺北市：漫遊者文化事業股份有限
公司, 2022.03
424面；11.1×19公分
譯自：世界史モノ事典
ISBN 978-986-489-596-0(平裝)

1.CST: 風俗 2.CST: 世界史

538　　　　　　　　　　　　　　　　　　　　111001858

漫遊，一種新的路上觀察學
www.azothbooks.com
漫遊者文化

大人的素養課，通往自由學習之路
www.ontheroad.today
遍路文化・線上課程

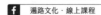